Thèmes & Débats économie
collection dirigée par **Marc Montoussé**

L'économie européenne

Arcangelo [illegible]

Agrégé de sciences sociales, professeur de chaire supérieure en classes préparatoires aux écoles de commerce

Bréal
1, rue de Rome – 93561 Rosny Cedex

Collection
Thèmes & Débats économie
dirigée par **Marc Montoussé**

Croissance et développement (Jean-Marc Huart)
Budget et politiques budgétaires (Matthieu Caron)
La Chine (Joachim Dornbusch, Romain Zolla)
La mondialisation (Serge d'Agostino)
La pauvreté (Serge d'Agostino, Nicole Duvert)
La protection sociale (Patrice Pourcel)
Le chômage (Patrice Pourcel)
L'économie européenne (Arcangelo Figliuzzi)
Le déclin français : mythe ou réalité ? (Alain Chaffel)
Les mécanismes du marché (Nicolas Bouzou)
Le rôle de l'État (Maya Bacache-Beauvallet, Florian Mayneris)
Libre-échange et protectionnisme (Serge d'Agostino)
L'investissement (Carole Bolusset)
Monnaies et politiques monétaires (Michel Voisin)
Mutations et organisation du travail (Évelyne Jardin)
Nouvelles théories économiques, clés de lecture (Marc Montoussé)
Progrès technique et innovations (Audrey Reynier)
Stratégies des entreprises et efficacité économique (Jean-Marc Huart)

ISBN 978-2-7495-0796-5

AVANT-PROPOS

L'objectif de la collection « Thèmes et Débats Économie » est de présenter de façon simple et accessible, mais néanmoins complète, l'essentiel des concepts et des mécanismes propres à un thème économique à travers ses débats et ses grandes questions.

Chaque chapitre est développé à partir d'une question simple. À chaque fois, les différentes théories ou courants de pensées en présence sont clairement exposés et aussi souvent que possible illustrés par des exemples. Cela permet au lecteur de maîtriser les principaux enjeux de chacune des facettes d'un problème économique.

Les ouvrages de cette collection s'adressent aux lycéens et aux étudiants qui doivent, dans leur cursus, s'initier aux sciences économiques, mais aussi à tous ceux qui s'intéressent aux grands débats économiques actuels.

Cet ouvrage consacré à l'économie européenne propose de rendre compte d'un domaine actuellement en pleine évolution. L'intégration européenne a, en effet, connu une accélération particulièrement rapide depuis les années 90, sous l'effet, notamment, de l'introduction de la monnaie unique et de l'élargissement aux pays d'Europe de l'Est. Ces évolutions ont fait – et font encore – l'objet de débats approfondis touchant les divers aspects, à la fois théoriques et concrets, de cette intégration.

L'ambition du présent ouvrage est d'en restituer les principaux éléments, en confrontant les divers points de vue et les différentes approches des problèmes.

Le lecteur qui voudrait approfondir certains aspects pourra trouver une bibliographie succincte à la fin de l'ouvrage.

Marc Montoussé

Directeur de la collection
« Thèmes et Débats Économie ».

SOMMAIRE

Introduction

Si l'idée européenne est ancienne, c'est dans la période qui suit la Seconde Guerre mondiale qu'elle trouve les conditions d'une réalisation concrète.

Tout l'immédiat après-guerre est placé sous le signe de la dépendance de l'Europe face aux États-Unis. Cette dépendance est d'abord celle d'un continent affaibli par près de six années de guerre. Les destructions matérielles revêtent une ampleur sans précédent. Dans un tel contexte, l'idée européenne a peu de chances de s'imposer. Roosevelt et Staline y sont hostiles. Les conférences de **Yalta** (février 1945) mais surtout de **Potsdam** (juillet-août 1945) révèlent de profondes divergences entre les deux Grands, qui s'amplifieront avec la guerre froide.

Dans ce contexte de montée des tensions entre l'Est et l'Ouest, l'idée d'une organisation régionale de l'Europe n'est plus une hérésie pour le président Truman. Au contraire, une Europe occidentale amie et alliée des États-Unis apparaît comme un contrepoids indispensable à l'Europe orientale sous tutelle soviétique. Ainsi, **la doctrine Truman de *containment* porte en germe la création d'une organisation régionale de l'Europe occidentale**. L'aide économique américaine à l'Europe constitue un second élément favorable à la construction européenne ; en effet, les prémices de la guerre froide amènent les Américains à penser que les tensions économiques et sociales qui règnent en Europe de l'Ouest pourraient aboutir à des crises politiques majeures.

Les origines de la construction européenne reposent donc sur trois éléments essentiels :

• **Sur le plan économique, la mise en place de l'OECE** : dans le but d'organiser la répartition de l'aide Marshall (annoncée par le discours de Harvard du général Marshall le 5 juin 1947), est créée le 16 avril 1948 l'Organisation européenne de coopération économique (OECE), regroupant 17 pays européens, les pays de l'Est ayant rejeté le projet américain. L'OECE constitue une première tentative d'organisation économique à l'échelle européenne.

• **Sur le plan militaire, la formation de l'OTAN** : parallèlement à cet effort de redressement économique, se pose la question de la sécurité en Europe, qui tourne, en fait, autour de la situation allemande et, en particulier, du statut de Berlin. Devant la menace soviétique de plus en plus précise, les gouvernements européens et les États-Unis aboutissent à la signature de l'organisation du traité de l'Atlantique Nord (OTAN), le 4 avril 1949.

• **Sur le plan politique, le Conseil de l'Europe** : la création en 1949 du Conseil de l'Europe fait suite au congrès de La Haye (1948) ; le Conseil doit promouvoir la coopération entre les États membres. Son action peut théoriquement s'exercer dans tous les domaines, à l'exception de la Défense. En fait, son rôle porte sur la protection des droits de l'homme (Convention européenne des droits de l'homme signée à Rome en 1950), la santé, la culture (équivalence des diplômes) et l'environnement.

Mais si l'Europe est un projet politique avant tout, né dans la tourmente de l'après-guerre et de la guerre froide, elle s'est pourtant construite essentiellement par la voie économique. Les efforts et les initiatives se sont concentrés très largement dans ce domaine, à tel point que la construction européenne a été pratiquement réduite à sa dimension économique. La mise en œuvre du grand marché européen et de la monnaie unique a certainement constitué un point d'orgue dans cette approche économique de la construction européenne.

L'Europe est donc aujourd'hui un ensemble économique cohérent, puissant, qui s'est progressivement construit par l'instauration de politiques communes et de mécanismes de coopération qui fondent véritablement l'Europe économique et dont l'étude constitue l'objet de cet ouvrage et de ses différents chapitres : l'établissement du grand marché fondé sur les « quatre libertés », la politique agricole commune, la construction d'une Europe sociale, la monnaie unique, les élargissements vers l'Europe de l'Est, la place de l'Europe dans le commerce international…

Pourtant, la monnaie unique et la politique économique qui lui est associée ont amené une prise de conscience quant aux limites d'une vision aussi étroitement économique. Le débat sur le « déficit démocratique » de l'Union européenne a donc été relancé. Deux évolutions majeures ont pesé sur ce débat : l'élargissement vers les pays d'Europe centrale et orientale qui pose la question de l'adaptation des institutions, conçues pour les six pays du noyau fondateur, à une Europe à vingt-sept et, plus largement, la place de l'Europe et le devenir des politiques communautaires (la PAC, en premier lieu) dans un contexte de mondialisation des échanges économiques.

Tels sont les défis que doit aujourd'hui affronter l'Europe.

Chronologie

1. – Les origines de la construction européenne (1946-1957)

19 septembre 1946	Discours de Zurich : W. Churchill appelle à la constitution des États-Unis d'Europe.
16 avril 1948	Création de l'Organisation européenne de coopération économique, chargée de répartir les subsides de l'aide Marshall.
7 mai 1948	Congrès pan-européen de La Haye.
4 avril 1949	Création de l'OTAN.
18 avril 1951	Traité de Paris instituant la Communauté européenne du charbon et de l'acier (CECA).
27 mai 1952	Traité de Paris prévoyant la constitution d'une Communauté européenne de défense. Ce projet échoue le 30 mai devant l'opposition du Parlement français.
1er-3 juin 1955	Conférence de Messine : le projet qui aboutira au marché commun est lancé.
25 mars 1957	Signature du traité de Rome instituant la CEE et la communauté européenne de l'énergie atomique (Euratom) entre 6 pays : Allemagne, Benelux, France et Italie.

2. – Premières politiques et premiers élargissements (1958-1973)

30 janvier 1962	Entrée en vigueur de la politique agricole commune (PAC).

14 janvier 1963	Veto du général de Gaulle quant à l'entrée de la Grande-Bretagne dans la CEE.
1er juillet 1968	Suppression totale des droits de douane entre pays membres : l'union douanière est réalisée.
8 octobre 1970	Publication du rapport Werner sur l'union économique et monétaire.
21 mars 1972	Création du serpent monétaire européen visant à réduire de moitié les marges de fluctuation entre les monnaies européennes.
1er janvier 1973	Premier élargissement de la CEE avec l'entrée du Royaume-Uni, de l'Irlande et du Danemark.

3. – L'« eurosclérose » : l'Europe face à la crise (1974-1980)

21 janvier 1974	Sortie du franc français du serpent monétaire européen ; retour en juillet 1975 ; sortie définitive en mars 1976.
28 février 1975	Signature de la 1re convention de Lomé entre la CEE et 46 pays d'Afrique, Caraïbes, Pacifique (ACP)
Avril 1978	Sommet européen de Brême ; signature des accords créant le système monétaire européen (SME) en juillet 1979.
13 mars 1979	Entrée en vigueur du SME.
7-10 juin 1979	Premières élections du Parlement européen.

4. – La relance de la construction européenne (1981-1992)

1er janvier 1981	Entrée de la Grèce dans la CEE.

14 juin 1985	Publication du livre blanc sur l'achèvement du « grand marché européen ». Signature des accords de Schengen.
1er janvier 1986	Entrée de l'Espagne et du Portugal dans la CEE.
28 février 1986	Signature de l'Acte unique européen modifiant le traité de Rome et prévoyant la réalisation d'un « grand marché intérieur » pour le 31 décembre 1992.
13 septembre 1987	Signature des accords de Nyborg renforçant la coopération entre banques centrales européennes.
8-9 décembre 1989	Adoption de la Charte sociale européenne. La Grande-Bretagne refuse de la ratifier.
7 février 1992	Signature du traité de Maastricht sur l'Union européenne qui précise le processus de passage à la monnaie unique.

5. – La monnaie unique et l'ouverture à l'Est (depuis 1993)

1er janvier 1993	Entrée en vigueur du marché intérieur européen.
1er janvier 1995	Entrée de l'Autriche, de la Finlande et de la Suède dans l'UE.
Décembre 1995	Conseil européen de Madrid : accord sur le nom de la monnaie unique (euro) et sur le scénario de basculement.
13-14 décembre 1996	Conseil européen de Dublin : adoption d'un projet de résolution sur un « pacte de stabilité et de croissance ».
16-17 juin 1997	Conseil européen d'Amsterdam : adoption du pacte de stabilité et de croissance.

1er janvier 1999	Les taux de change entre les pays de la zone euro sont irrévocablement fixés. L'euro devient la monnaie officielle des 11 pays de la zone.
Décembre 2000	Le Conseil européen de Nice : réforme des institutions pour tenir compte des nouvelles données introduites par l'élargissement.
Janvier 2001	La Grèce devient le 12e membre de la zone euro.
Janvier 2002	Lancement de l'euro fiduciaire : les billets et pièces libellés en euros remplacent les monnaies nationales.
13 juin 2003	Adoption du projet de Constitution européenne après 15 mois de travaux de la convention européenne présidée par V. Giscard d'Estaing.
1er mai 2004	Élargissement de l'UE à 10 nouveaux États membres, portant l'UE à 25 pays.
29 octobre 2004	Signature à Rome du Traité établissant une Constitution pour l'Europe.
Mai-juin 2005	Rjet du traité constitutionnel par la France et les Pays-Bas.
1er janvier 2007	Adhésion de la Bulgarie et de la Roumanie à l'UE.
19 octobre 2007	Conseil européen de Lisbonne : adoption d'un « projet de traité modificatif ».

CHAPITRE 1

Quel avenir pour les institutions européennes ?

Dans ses *Mémoires*, publiés en 1976, Jean Monnet écrit: « Rien n'est possible sans les hommes, rien n'est durable sans les institutions [...]. Les institutions peuvent, si elles sont bien construites, accumuler et transmettre la sagesse des générations successives ».

C'est dire qu'il entend marquer toute l'importance, pour la construction européenne, de disposer d'institutions solides et reconnues. Et, en effet, l'architecture institutionnelle européenne a été mise en place par des traités successifs: **il n'existe donc pas de texte unique, de Constitution de l'Union européenne**. L'Europe s'est construite par étapes; ses institutions sont nées des délégations de compétences effectuées par les États membres. Le modèle institutionnel européen est profondément original; c'est un « *work in progress* », qui ne peut être comparé à celui d'un État. Ainsi, la doctrine et la pratique institutionnelle de l'Union européenne sont encore en train de s'élaborer.

Sur ces questions fondamentales, l'UE est aujourd'hui à un tournant de son histoire. Deux évolutions majeures ont, en effet, lancé le débat sur les institutions:

• En premier lieu, se pose le problème de l'extension des compétences de l'UE, notamment en matière économique. Le passage à la monnaie unique a donné aux institutions européennes, la Commission et la Banque centrale particulièrement, des pouvoirs très importants, sans que soit réglée la question du contrôle démocratique de ces institutions.

• En second lieu, les institutions de l'UE ont été conçues pour une Europe à six membres; leur adaptation aux différents élargissements a été problématique. Or, l'entrée de douze nouveaux membres depuis 2004 (huit PECO, Chypre et Malte) pose clairement le problème de la refondation institutionnelle de l'Europe.

Le débat est donc ouvert. Ce débat fondamental est centré sur deux questions qui engagent l'avenir de l'Union européenne:

• faut-il une Constitution pour l'Union ?
• quelle forme pourrait prendre un véritable gouvernement européen ?

1. – Faut-il une Constitution européenne ?

a. – Quelle est la situation actuelle ?

Comme nous l'avons indiqué dans l'introduction, il n'existe pas de texte unique définissant les institutions européennes et le statut juridique de l'Union. Celui-ci fait l'objet de dispositions dans les trois traités constitutifs des Communautés européennes :

• **Le traité CECA** du 18 avril 1951, qui est historiquement la première organisation à vocation fédérale établie sur le continent européen, dispose de pouvoirs réservés jusqu'ici aux États. Selon l'approche inaugurée par la « stratégie de petits pas » de Robert Schuman, **la construction européenne se fera par délégations successives de compétences** affectant des domaines progressivement élargis de la compétence étatique. Les signataires du traité et les « pères » fondateurs avaient alors la volonté de dépasser le stade des organisations internationales classiques.

• **Les traités de Rome du 25 mars 1957** instituent la Communauté économique européenne et la Communauté européenne de l'énergie atomique (Euratom). Elles sont compétentes dans le domaine de l'énergie atomique civile (Euratom) et dans celui de l'économie générale (CEE), domaine qui n'a cessé de s'étendre avec l'Acte unique puis le traité d'Union européenne (TUE - traité de Maastricht) et le traité d'Amsterdam.

• En revanche, **le traité d'Union européenne signé à Maastricht le 7 février 1992** ne donne pas d'indication précise sur la personnalité juridique de l'Union européenne, se bornant à une formule assez neutre quant à son identité sur la scène internationale.

L'Union européenne ne dispose donc, en l'état actuel, et sur le plan international, que d'une « personnalité juridique émergente » (J. Rideau). C'est qu'en effet cette Union ne constitue pas un État, même si les ressortissants des États membres disposent d'une citoyenneté européenne. Elle n'est pas non plus un État fédéral ou une confédération. L'Union n'est pas dotée de la personnalité juridique et n'a pas compétence pour conclure des accords internationaux

b. – Le débat actuel sur les institutions oppose deux visions de l'Europe

La superposition des traités constitutifs de l'Union européenne a fini par générer une situation complexe, qui rend la construction européenne et le jeu des institutions peu lisibles et peu compréhensibles pour les citoyens.

Jusqu'au milieu des années 80, la question d'une révision des traités ne s'est pas vraiment posée. Mais, avec la mise en place du « grand marché européen » (suite aux initiatives prises en 1985 par Jacques Delors, président de la Commission), puis de la monnaie unique, les compétences de l'Union européenne se sont nettement élargies. Ainsi, la politique monétaire est désormais unique et menée pour l'ensemble de la zone euro par la banque centrale européenne. Le pacte de stabilité et de croissance contraint fortement les politiques budgétaires des pays de la zone euro. Cette situation débouche sur deux interrogations importantes : comment exercer un contrôle démocratique sur ces nouvelles prérogatives européennes et comment doit se faire la délimitation précise des compétences entre États et Union ?

Progressivement, l'idée d'une version unique et simplifiée des différents traités, définissant plus précisément les relations entre États et institutions communautaires, a fini par émerger. Elle pourrait prendre la forme d'une véritable Constitution européenne que certains souhaitent ardemment, mais que d'autres redoutent. Quels sont les principaux arguments de ce débat ?

Pour ses partisans, une Constitution européenne est nécessaire pour redonner une dimension politique à l'Europe

L'Europe est parvenue aujourd'hui à un tournant. La réussite de l'introduction de la monnaie unique ne doit pas cacher les blocages et les impasses de la construction européenne dans les autres domaines : une Europe sociale en panne, une Europe agricole confrontée à la mondialisation des marchés, le déclin de l'Europe industrielle, les difficultés liées à l'élargissement aux PECO... Ces blocages tendent à instiller dans les opinions publiques le doute sur la validité de la construction européenne ; ils soulignent surtout l'épuisement progressif de la construction de l'Europe par la voie économique. D'où, pour les partisans d'une Europe forte et structurée, la nécessité de redonner un souffle nouveau à la construction européenne en réaffirmant les principes fondateurs, d'ordre éminemment politique, qui ont présidé à la naissance de l'idée européenne dans l'après-guerre. Cela passe par une réflexion sur l'avenir de l'Europe, sur la délimitation des compétences entre l'Union et les États membres, la définition de la place des Parlements nationaux dans l'architecture institutionnelle, la détermination du statut de la charte des droits fondamentaux, la simplification des traités existants, réflexion qui ouvre sur une perspective constitutionnelle.

Les principaux arguments des partisans d'une Constitution européenne sont donc les suivants :

- En premier lieu, la préparation d'une Constitution conduirait les pays membres à réfléchir ensemble à la finalité politique de l'Union. Or, c'est bien le manque de perspective politique qui pénalise actuellement la construction européenne.
- L'élaboration d'une Constitution clarifierait et simplifierait les relations entre les pays membres et les institutions communautaires et permettrait de redéfinir l'équilibre des compétences au sein de l'Union. Elle induirait une meilleure « lisibilité » de l'Europe pour les citoyens et permettrait de les associer davantage au débat européen.

• Enfin, une Constitution européenne intégrant la Charte des droits fondamentaux ou Charte sociale, texte à portée sociale adopté en décembre 1989 (*cf.* chapitre 7), redonnerait de la vigueur à l'idée d'Europe sociale et permettrait de fonder un véritable modèle social européen, qui reste à construire.

Les principaux défenseurs de l'idée de Constitution européenne sont les gouvernements du Benelux, les gouvernements français et allemand (qui ont réaffirmé leur volonté dans ce sens lors du sommet franco-allemand de Nantes le 23 novembre 2001) et le président tchèque Vaclav Havel.

Mais l'idée de Constitution européenne ne fait pas l'unanimité et rencontre des résistances

L'idée d'une constitution européenne ne fait pas l'unanimité en Europe et rencontre de fortes résistances. Plusieurs arguments sont avancés :

• Certains juristes ont utilisé l'argument selon lequel « il ne peut y avoir de constitution sans État ». La rédaction d'une constitution impliquerait la reconnaissance d'un État européen qui doit donc exister préalablement à la constitution.

• En un sens particulier, l'Union a déjà une « constitution » puisque la Cour de justice des Communautés a ainsi qualifié les traités CECA, de Rome et de Maastricht de « charte constitutionnelle de base » ou encore de « charte constitutionnelle d'une communauté de droit ».

En juin 2003, un projet de Constitution européenne pour une Europe élargie est adopté. Une convention, présidée par Valéry Giscard d'Estaing, a, durant quinze mois, mis au point un texte qui est discuté et amendé par la Conférence intergouvernementale (CIG). Le traité établissant une Constitution pour l'Europe est finalement signé – symboliquement – à Rome le 29 octobre 2004. Il suit alors la procédure de ratification par les États membres selon la voie parlementaire ou par référendum. Alors que la ratification par les parlements ne fait pas difficulté, le choix de la voie référendaire par la France conduit, le 29 mai 2005, à un rejet du texte par 54,7 % de non et 45,3 % de oui. La France est ainsi le premier pays à ne pas ratifier le traité, suivi peu après par les Pays-Bas. Dès lors, le processus de ratification est vidé de sa substance, puisque l'unanimité est requise.

Afin de débloquer la situation et éviter le retour à l'euro-pessimisme des années 1970, une nouvelle CIG est chargée d'établir un traité simplifié, reprenant les principaux points de consensus de l'ancien texte. Il a été approuvé par les 27 chefs d'États et de gouvernements des pays de l'Union lors du Conseil européen de Lisbonne le 19 octobre 2007. Il entame, dès janvier 2008, le processus de ratification. Les parlementaires français réunis en congrès à Versailles l'ont ratifié lundi 4 février.

Le débat actuel sur les institutions oppose donc les tenants d'un approfondissement de la construction européenne qui n'hésitent pas à évoquer l'idée d'une Europe fédérale et les partisans du *statu quo* institutionnel (la Grande Bretagne, le Danemark notamment). Devant les risques d'enlisement du débat, certains pays ont évoqué dès 1994 la possibilité de recourir à la solution très controversée des « **coopérations renforcées** ». Il s'agit, pour un « noyau dur » de pays membres particulièrement impliqués dans la construction européenne de progresser ensemble dans la voie des politiques communes sans être freinés par les autres. Cette solution est notamment défendue par la France et l'Allemagne, mais fait courir le risque d'une Europe à deux vitesses.

2. – Quel gouvernement pour l'Europe ?

Le cadre institutionnel unique des Communautés européennes assure, dans le respect du principe de l'intégration, la cohérence et la continuité de l'ensemble des actions. Quatre institutions sont communes à l'Union et aux trois Communautés européennes : la Commission, le Conseil de l'Union européenne, le Conseil européen et le Parlement.

a. – Qui doit incarner le pouvoir exécutif de l'Union : la Commission ou le Conseil ?

La Commission européenne est véritablement l'incarnation de l'intérêt européen. Elle représente une caractéristique tout à fait spécifique aux Communautés européennes, que l'on ne retrouve dans aucune organisation internationale. Issue de la fusion des exécutifs des trois Communautés, réalisée en 1965, elle est un organe essentiel ayant vocation à accomplir une mission générale d'initiative. En effet, la Commission se trouve au cœur du système institutionnel des Communautés. Elle est à la fois l'instance chargée de l'exécution des décisions communautaires et celle qui veille à la bonne application du droit communautaire.

La Commission compte actuellement 27 membres (un par pays membre), indépendants des gouvernements et nommés pour un mandat de 5 ans renouvelable. Elle emploie environ 16 000 fonctionnaires répartis entre 23 directions générales.

La Commission est dirigée par un président disposant d'assez larges prérogatives, qui se sont accrues depuis l'origine et le Traité d'Amsterdam accentue encore la suprématie du président sur les autres membres de la Commission.

Le Conseil de l'Union européenne assure la représentation des États dans la structure communautaire. Investi de l'essentiel du pouvoir de décision et du pouvoir normatif, le Conseil se présente comme un lieu de rencontre et de confrontation des intérêts étatiques plutôt que comme un « gouvernement » d'un ensemble intégré. On a pu le comparer à une Chambre haute, comme le Sénat américain. Il est composé d'un représentant de chaque État membre, soit 15 membres, de niveau ministériel, habilités à engager leur gouvernement. La composition du Conseil est variable, selon l'ordre du jour. Les formations les plus fréquentes sont celles des ministres des Affaires étrangères, de l'Agriculture et de l'Économie (elle porte dans ce dernier cas le nom de « Conseil Ecofin »).

Le Conseil européen, composé des chefs d'État et de gouvernement, a été créé en 1974, sur une initiative française et sur une base informelle qui a été institutionnalisée assez tardivement. Le Conseil européen donne à l'Union les impulsions nécessaires à son développement et en définit les orientations politiques générales.

Ses prérogatives sont relativement importantes : il est devenu progressivement l'organe dirigeant de l'Union : depuis le traité de Maastricht, il a beaucoup profité de l'affaiblissement de l'approche fédéraliste de la construction européenne dont la Commission était censée être le moteur.

Le débat oppose aujourd'hui les tenants d'une approche fédérale et les partisans d'une approche intergouvernementale :

• Selon l'approche fédérale, la Commission a vocation à être le futur gouvernement européen dans le prolongement de son rôle actuel. Cela supposerait de donner davantage de légitimité démocratique à cette institution car le débat institutionnel porte, pratiquement depuis la création de cet organe, sur sa véritable représentativité. Accusée d'être peu transparente, très technocratique, sans réelle base démocratique, elle est la principale cible des courants souverainistes, en France comme ailleurs. La solution résiderait peut-être dans l'élection directe des commissaires par les citoyens européens.

• Selon l'approche intergouvernementale, le Conseil des ministres et le Conseil européen constitueraient l'exécutif de l'Union, ce qui revient à assurer la prééminence des États au détriment d'une vision fédérale de l'Europe.

b. – Quel rôle pour le Parlement européen et la Cour de justice ?

Le Parlement est l'unique institution dont les membres sont élus au suffrage universel direct pour 5 ans. Le nombre de membres du Parlement est prévu par l'article 190 TCE ; depuis la réunification allemande et le dernier élargissement, le nombre de parlementaires est porté à 626. Selon le traité d'Amsterdam, il ne devra pas excéder 700 membres.

Le traité de Maastricht a nettement accru les prérogatives de cette institution, qui exerce un contrôle démocratique sur les activités communautaires. Elle dispose d'un droit de veto à propos, notamment, de la citoyenneté européenne et de la cohésion économique et sociale.

La Cour de justice des Communautés européennes (CJCE), qui siège à Luxembourg, est composée de 15 juges et de 9 avocats généraux; elle a pour mission d'assurer le respect du droit dans l'application et l'interprétation des traités constitutifs. Elle peut être saisie par les institutions communautaires, par les États membres ou encore par les personnes morales et physiques. L'autorité de ses jugements prévaut en principe sur celle des tribunaux nationaux. Dès la création de la CJCE, le débat a porté (et porte encore) sur la nature de sa mission:

• Pour certains juristes, son rôle doit être limité à l'application du droit européen; la CJCE doit donc rester dans les limites de celui-ci.

• Mais la pratique juridique de la CJCE montre que, par ses arrêts et ses interprétations, elle favorise l'émergence d'un droit communautaire, créant ainsi une véritable jurisprudence d'essence fédéraliste. On se heurte alors à la question de la véritable légitimité démocratique de cette institution.

La question institutionnelle est donc au cœur de la construction européenne. Ces institutions se sont mises en place et ont évolué au fil des traités constitutifs et forment un cadre original fondé sur un triangle institutionnel Commission – Parlement – Conseil de l'Union européenne, qui a réussi à faire progresser la construction européenne, mais qui souffre d'un déficit démocratique et d'une image brouillée dans l'opinion publique européenne.

CHAPITRE 2

L'Europe économique : un vaste marché ou une coquille vide ?

Dès les débuts de la construction européenne, il était entendu que l'intégration économique des pays membres devait s'opérer sur la base de l'adhésion aux principes du marché libre, débarrassé des obstacles à la libre circulation des personnes, des biens, des services et des capitaux (les « quatre libertés »). Affirmée dès le traité de Rome en 1957, la construction d'un vaste espace d'économie de marché étendu aujourd'hui à 375 millions d'Européens n'est pourtant pas allée de soi. Il a fallu l'Acte unique de 1986 pour relancer un processus qui semblait alors s'enliser et le conduire, sinon à son terme, du moins à un état qui permette à la monnaie unique de jouer pleinement son rôle, car comment concevoir, en effet, un espace monétaire intégré sans marché unique ?

La principale difficulté soulevée par cette réalisation tient au fait qu'elle suppose la mise en œuvre de politiques d'accompagnement qui se traduisent souvent par des abandons de souveraineté ou la remise en cause de principes nationaux qui semblent bien acquis. Ces politiques d'accompagnement concernent des domaines très variés : la politique de la concurrence, la mise en œuvre d'une politique industrielle, la politique agricole commune (qui fera l'objet d'une analyse particulière dans le chapitre 4), sans oublier les épineuses questions de l'harmonisation fiscale et de la définition d'un budget européen.

1. – La mise en place d'un grand marché : un succès inespéré

a. – Du marché commun au marché unique

Le traité de Rome de 1957 avait posé, dès le départ, le principe d'un marché commun par la mise en œuvre d'une politique douanière. Ainsi, entre le 1er janvier 1958 et le 1er juillet 1968, les droits de douane et les restrictions quantitatives sont progressivement supprimés. En 1970, la Communauté est devenue une union douanière.

Cependant, la réalisation concrète de cette politique n'a pas été sans mal. Notamment, la crise des années 70 et la montée de ce qu'on a appelé alors l'« eurosclérose » (terme forgé pour illustrer la situation de blocage de la construction européenne), ont favorisé le retour des vieux réflexes protectionnistes et ont ralenti la mise en place du marché unique en multipliant les obstacles.

Il faut attendre les années 80 et l'arrivée de Jacques Delors à la tête de la Commission européenne pour qu'un bilan de la situation soit effectué (c'est l'objet du Livre blanc de 1985 sur l'« achèvement du marché intérieur », qui recense les obstacles à la libre concurrence et les entraves au marché commun) et qu'une relance du processus communautaire soit proposée à travers l'Acte unique de 1986 qui traduit en faits et en mesures concrètes (près de 300 propositions !) les attendus du Livre blanc.

Le rapport Cecchini (*Une évaluation des effets économiques potentiels de l'achèvement du marché intérieur de la Communauté européenne*, 1988) étaie le Livre blanc et constitue une véritable radiographie de la construction européenne au tournant des années 1985-1988. Il vise à évaluer les « coûts de la non-Europe » et, *a contrario*, à analyser les gains potentiels de l'achèvement du marché intérieur européen.

L'ensemble des enchaînements macroéconomiques décrits par le rapport peut être résumé par un schéma (*cf.* p. 28).

L'achèvement du marché intérieur était prévu pour le 1er janvier 1993 et il a bien eu lieu. Quel a été son impact sur la construction européenne ?

b. – Quels effets sur l'intégration économique européenne ?

En première analyse, l'achèvement du marché intérieur, qui occupe entièrement la période 1988-1973, correspond à une phase très nette de croissance économique dans la Communauté : forte croissance de l'investissement et de la production, création de 5,5 millions d'emplois dans l'ensemble de la zone. Il est toutefois difficile de distinguer entre les effets du marché unique et ceux de la reprise économique générale dans

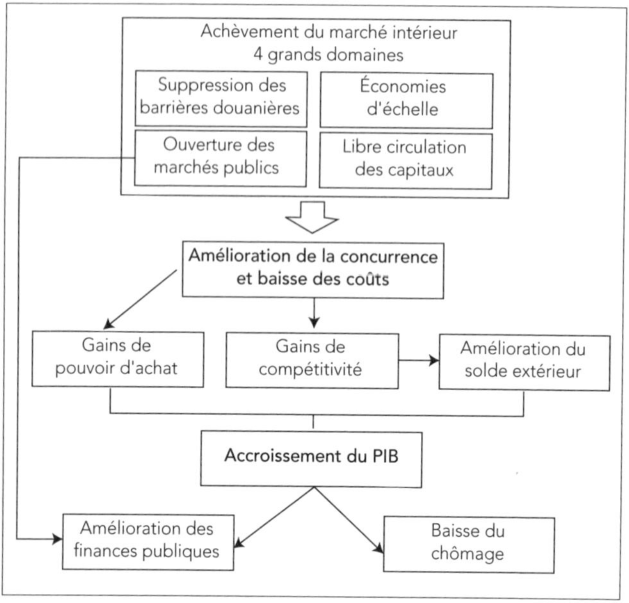

l'ensemble des pays industrialisés. Plusieurs éléments sont à souligner :

• Le résultat le plus éloquent est la forte progression du commerce intracommunautaire, centré essentiellement sur un commerce intrabranche, c'est-à-dire un échange croisé de produits similaires répondant aux mêmes usages mais différenciés ; dès les années 60, des études empiriques ont mis en évidence l'émergence et l'importance du commerce intrabranche (exportations et importations simultanées à l'intérieur d'une branche donnée) au sein de la Communauté européenne. Cette tendance s'est nettement renforcée à la faveur du marché unique, comme le montre le tableau suivant :

Importance du commerce intrabranche
pour quelques pays de la Communauté
(en % des échanges manufacturiers totaux)

	1970	1980	1990	2000
France	53	65	79	91
Allemagne	70	75	79	82
Italie	70	61	67	71
Espagne	43	69	75	82
Belgique	77	86	83	90

Source : OCDE.

Ce haut niveau de commerce intrabranche constitue un élément probant de l'émergence d'un marché unique. Le débat porte plutôt sur les possibles orientations futures du marché unique et oppose deux points de vue.

Certains économistes estiment que le marché unique pourrait conduire à un modèle d'agglomération des activités « à l'américaine », les régions européennes se spécialisant progressivement dans un petit nombre d'activités concentrées au sein d'une ou de quelques métropoles, à l'image de la région de Detroit, qui concentre l'essentiel de la production automobile aux États-Unis.

D'autres économistes jugent que la permanence de différences culturelles et linguistiques et surtout la faible mobilité du travail en Europe rendent cette perspective peu probable ou très lointaine, ce qui aggrave les risques liés à l'absorption des chocs asymétriques. Ceci renvoie à un autre débat de politique économique : la zone euro constitue-t-elle une zone monétaire optimale (*cf.* chapitre 6) ?

• Autre élément essentiel, la mise en place du marché unique a renforcé les flux d'investissements directs étrangers (IDE) du reste du monde vers l'UE, sous forme d'investissements de « tête de pont » destinés à pénétrer l'ensemble unifié constitué par le marché unique et ses 375 millions de consommateurs à haut niveau de revenu moyen, ainsi qu'au contournement d'une possible « forteresse Europe » qui peut toujours se retrancher derrière un tarif extérieur commun pour défendre ses intérêts. Ainsi, les FMN japonaises ont multiplié les implantations en Europe, particulièrement en Grande-Bretagne (automobile) ou en France (électronique, automobile) afin de contourner les accords d'autolimitation des ventes de voitures japonaises dans l'Union européenne.

• Cependant, la viabilité du marché unique se heurte, aujourd'hui comme hier, à l'épineux problème de l'harmonisation fiscale. La grande variété des régimes fiscaux des pays de l'UE fait en effet peser un risque de distorsion de concurrence et est source de conflits entre États membres et instances européennes. Produits de l'histoire, ces systèmes fiscaux se révèlent très difficiles à harmoniser, le seul point commun étant le niveau moyen élevé de pression fiscale en Europe par rapport aux États-Unis et au Japon. L'uniformisation des régimes fiscaux était pourtant prévue dès le traité de Rome, puisque son article 99 précise que la Commission doit rechercher les voies et les moyens permettant d'harmoniser les législations des États membres « relatives aux taxes sur le chiffre d'affaires, aux droits d'accises et autres impôts indirects ». La TVA, qui représente partout une source primordiale de recette fiscale, a fait toutefois l'objet de mesures d'harmonisation visant à réduire les taux à deux (un taux normal et un taux réduit) et de les faire converger vers une fourchette la plus étroite possible, de 14 à 20 % pour le taux normal, et de 4 à 9 % pour le taux réduit. En revanche, la question des cotisations sociales est loin d'être résolue. Elle est liée à l'existence, en Europe, de deux régimes de protection sociale, le régime bismarckien et le régime beveridgien, aux caractéristiques et modes de financement très différents (*cf.* chapitre 7).

• Enfin, la mise en place du marché unique a impliqué la suppression des frontières techniques par l'harmonisation des normes. Les réglementations normatives nationales sur les produits se sont en effet multipliées depuis la Seconde Guerre mondiale, en réponse à deux préoccupations : d'une part, la définition de règles de sécurité que doivent respecter les produits mis sur le marché, en matière de machines, substances dangereuses, jouets etc., et, d'autre part, l'élaboration de règles déterminant les normes de fabrication et de qualité applicables à des produits déterminés, élaborées par des organismes habilités (norme NF en France, DIN en Allemagne, par exemple). Or, ces dernières règles peuvent poser problème dans la mesure où elles peuvent être utilisées à des fins protectionnistes. Ainsi, l'Allemagne a longtemps protégé son industrie brassicole en faisant valoir une très ancienne réglementation concernant la production de bière. Par un célèbre arrêt qui a fait jurisprudence (« Cassis de Dijon », février 1979), la Cour de justice a posé les jalons d'une harmonisation des règles fondée sur le principe de reconnaissance mutuelle, mais qui oblige les États à transcrire dans le droit national une multitude de règlements parfois extrêmement pointilleux sur le niveau sonore des tondeuses à gazon ou l'étiquetage des pots de yaourt…

Incontestablement, la mise en place du marché unique peut compter au nombre des véritables réussites de l'Europe dans le domaine économique. Cependant, pour faire vivre cette notion de « marché unique », pour lui donner un contenu et lui faire jouer pleinement son rôle d'intégrateur, il a fallu lui adjoindre des « politiques d'accompagnement » communes : mise en place d'un budget européen, politique de la concurrence, politiques industrielle et agricole (celle-ci faisant l'objet du chapitre 4)… Mais l'expérience a montré que ces politiques rencontrent des résistances et des difficultés d'application et donnent lieu à débats et controverses.

2. – Les politiques d'accompagnement du marché unique

a. – La politique industrielle : la fin d'une ambition

La mise en place de la Communauté européenne du charbon et de l'acier laissait présager une ambition industrielle pour l'Europe. Premier marché commun conçu par Jean Monnet, créé en 1951 par le traité de Paris et regroupant les six pays qui seront à l'origine de la Communauté européenne (Allemagne, Benelux, France et Italie), la CECA est à la fois un important projet industriel et un moyen d'enraciner la paix en Europe, conformément à la « stratégie des petits pas » voulue par Robert Schuman.

La déclaration du 9 mai 1950 de Robert Schuman

« La paix mondiale ne saurait être sauvegardée sans des efforts créateurs à la mesure des dangers qui la menacent. La contribution qu'une Europe organisée et vivante peut apporter à la civilisation est indispensable au maintien des relations pacifiques. En se faisant depuis plus de 20 ans le champion d'une Europe unie, la France a toujours eu pour objet essentiel de servir la paix. L'Europe n'a pas été faite, nous avons eu la guerre.

L'Europe ne se fera pas d'un coup, ni dans une construction d'ensemble : elle se fera par des réalisations concrètes créant d'abord une solidarité de fait. Le rassemblement des nations européennes exige que l'opposition séculaire de la France et de l'Allemagne soit éliminée : l'action entreprise doit toucher au premier chef la France et l'Allemagne.

Dans ce but, le gouvernement français propose de porter immédiatement l'action sur un point limité mais décisif. Le gouvernement français propose de placer l'ensemble de la production franco-allemande de charbon et d'acier, sous une Haute Autorité commune, dans une organisation ouverte à la participation des autres pays d'Europe. La mise en commun des productions de charbon et d'acier assurera immédiatement l'établissement de bases communes de développement économique, première étape de la Fédération européenne, et changera le destin de ces régions longtemps vouées à la fabrication des armes de guerre dont elles ont été les plus constantes victimes. »

Cependant, il est frappant de constater que le traité de Rome n'intègre aucune disposition particulière relative à la politique industrielle. De plus, en 1965, la CECA s'est fondue dans les institutions du Marché commun. Dès lors, l'ambition industrielle de l'Europe a périclité sous l'effet de plusieurs phénomènes :

• En premier lieu, la CECA puis la Communauté européenne ont eu à gérer la grave crise du secteur sidérurgique qui constituait un des secteurs clés de la politique industrielle européenne. Confronté au premier choc pétrolier et à la montée de la concurrence extra-européenne, ce secteur a dû être profondément restructuré. Ce sera l'objet des « plans Davignon », très dirigistes, et qui organisent le repli en bon ordre de l'industrie sidérurgique : restructuration avec forte baisse des effectifs, contingentement de la production d'acier..., qui aboutissent à la disparition de bassins entiers comme la sidérurgie lorraine ou belge.

• Après cette phase de restructuration des industries liées à la première révolution industrielle, la politique industrielle a tenté de se renouveler par la mise en œuvre de programmes d'aide aux industries de pointe : programmes sur les technologies de l'information (ESPRIT), programme de recherche dans le domaine des télécommunications (RACE), sur les technologies industrielles (BRITE).

• Le traité de Maastricht, dans son article 130 (« *La Communauté et les États membres veillent à ce que les conditions nécessaires à la compétitivité de l'industrie de la Communauté soient assurées* »), reconnaît l'intérêt d'une politique industrielle. Mais celle-ci est désormais interprétée dans un sens nettement plus libéral. Autrement dit, le débat qui a longtemps opposé une conception colbertiste « à la française » de la politique industrielle, fondée sur une forte implication de l'État, et une conception libérale, défendue surtout par les Britanniques, semble bien tranché en faveur de ces derniers.

Conformément à cette approche libérale, la politique industrielle européenne, loin de ses ambitions de départ, est devenue essentiellement une politique d'accompagnement d'un marché unique, et dont l'élément essentiel est la politique de la concurrence.

b. – La politique de la concurrence : une réelle avancée, mais qui se heurte au problème des entreprises publiques

Avec la mise en œuvre du marché unique et la nouvelle conception, d'essence nettement libérale, de la politique industrielle, la politique de la concurrence est devenue un élément essentiel de l'action de l'UE en matière économique. Elle est centrée sur le contrôle des phénomènes de concentration et des aides versées par les États membres.

Les instruments juridiques dont disposent les autorités communautaires pour mener la politique de concurrence sont de quatre types :

• En premier lieu, le droit communautaire de la concurrence s'appuie sur les articles 81 et 82 du traité de la Communauté européenne qui interdisent respectivement les ententes et les positions dominantes.

• En second lieu, le droit dérivé, non négligeable en la matière ; de nombreux règlements du Conseil et de la Commission (source essentielle du droit dérivé communautaire, le règlement exprime le mieux le pouvoir normatif de la Commission), concernant les règles de procédure aussi bien que les questions de fond. Par exemple, les mouvements de concentration et les regroupements d'entreprises dans les années 60 et 70 ont mis en évidence la nécessité, au niveau européen, d'encadrer ces phénomènes.

• En troisième lieu, les communications de la Commission concernant le domaine de la concurrence. Bien que dépourvues de caractère obligatoire, elles permettent de fixer la position de la Commission et d'éclairer certains points de doctrine.

• Enfin, la jurisprudence constitue, dans une matière aussi fluctuante et mouvante que la politique de concurrence, une source fondamentale pour le développement du droit ; certains arrêts ont ainsi constitué de véritables tournants dans l'interprétation des textes de référence.

Les domaines d'application des textes communautaires régissant le droit de la concurrence sont les ententes et les abus de position dominante.

• L'article 81 concerne les ententes; il stipule: « Sont incompatibles avec le marché commun et interdits tous accords entre entreprises, toutes décisions d'associations d'entreprises et toutes pratiques concertées, qui sont susceptibles d'affecter le commerce entre États membres et qui ont pour objet ou pour effet d'empêcher, de restreindre ou de fausser le jeu de la concurrence à l'intérieur du marché commun [...] ». Le cas Volkswagen (1998) constitue un exemple intéressant et illustre bien la manière dont la Commission entend lutter contre les ententes verticales interdites, en l'occurrence la tentative de ce constructeur pour cloisonner les marchés nationaux au sein de la Communauté européenne. En application de l'article 81, le groupe Volkswagen a été condamné à une très lourde amende (102 millions d'écus, soit, à l'époque, la plus forte amende infligée à une entreprise dans l'histoire de la Communauté).

• L'article 82 se rapporte aux abus de position dominante, c'est-à-dire des situations dans lesquelles une entreprise tire avantage de sa situation de domination d'un marché pour empêcher l'accession d'autres entreprises à ce marché par des pratiques jugées déloyales. Ainsi, en application de cet article, la Cour de justice des communautés européennes de Luxembourg a, en septembre 2007, condamné la société Microsoft à une amende de près de 500 millions d'euros. Cet article est également très utilisé pour remettre en cause les monopoles publics.

Le débat porte actuellement sur deux points essentiels: l'efficacité de cette politique et la question des services publics.

• Pour de nombreux observateurs, la législation européenne n'est pas suffisante pour assurer un bon niveau de concurrence: la législation actuelle est-elle adaptée? Plusieurs arguments nous amènent à répondre par l'affirmative. Le droit communautaire paraît, en l'état actuel, suffisamment étoffé pour appréhender les différentes situations d'infractions aux règles de concurrence. Le droit dérivé, les communications de la Commission et la jurisprudence ont, semble-t-il, permis de faire face à de très nombreuses situations, au prix, il est vrai, d'une complexité accrue. La Communauté européenne a encore renforcé son dispositif juridique par la mise en place de moyens juridiques de contrôle des concentrations qui oblige toute opération de concentration de dimension communautaire à faire l'objet d'une notification préalable à la Commission, qui dispose ainsi d'un moyen de contrôle.

• La question des services publics reste aujourd'hui un des principaux sujets des débats de politique économique en Europe. Le recours à l'article 82 a connu un développement important au cours des années 90, parallèlement à l'adoption de directives ou règlements ouvrant des secteurs entiers à la concurrence et remettant ainsi en cause les monopoles publics. C'est bien la politique de concurrence européenne, associée, il est vrai, à un contexte plus général de mondialisation des échanges, qui a contribué à la disparition de certains monopoles : le cas des télécommunications est emblématique. La directive « électricité » de la Commission préconise notamment l'abolition des droits exclusifs de production et de distribution de l'électricité dans les États membres et surtout le principe d'ATR (accès des tiers au réseau, permettant l'accès de nouveaux opérateurs, moyennant rémunération, aux infrastructures), et vise, en France, la position d'EDF.

c. – Le budget européen est-il à la hauteur des ambitions européennes ?

Il faut attendre avril 1970 pour que la Communauté soit enfin dotée d'un véritable budget par la fusion des budgets de la CECA, de la CEE et de l'EURATOM, permettant ainsi à la Communauté de mener des politiques autonomes.
Deux éléments caractérisent ce budget :

• Il est radicalement différent des budgets nationaux quant à la nature des ressources, composées de droits de douane, TVA communautaire (prélèvement calculé sur la base de la valeur ajoutée globale de chaque État), ressources fondées sur le revenu national brut (RNB) des États membres, créées en 1988. Le tableau suivant donne la ventilation des ressources pour les années 1996 et 2007 :

Recettes	1996 (en %)	2007 (en %)	2007 (en valeur)
Ressources traditionnelles (droits de douane provenant des pays tiers)	19	15	17,3 Mds €
Ressources en TVA	51	16	17,8 Mds €
Ressources RNB	30	69	80 Mds €

Source : Budget général des communautés européennes.

• Il diffère des budgets nationaux par la nature des dépenses puisqu'il ne finance ni les fonctions régaliennes dévolues à chaque État, ni dépenses d'éducation ou de sécurité sociale. En fait, les dépenses agricoles absorbent encore près de la moitié du budget communautaire. Pour l'année 2008, les dépenses se montent à 129,1 milliards d'€ et sont ventilées ainsi :

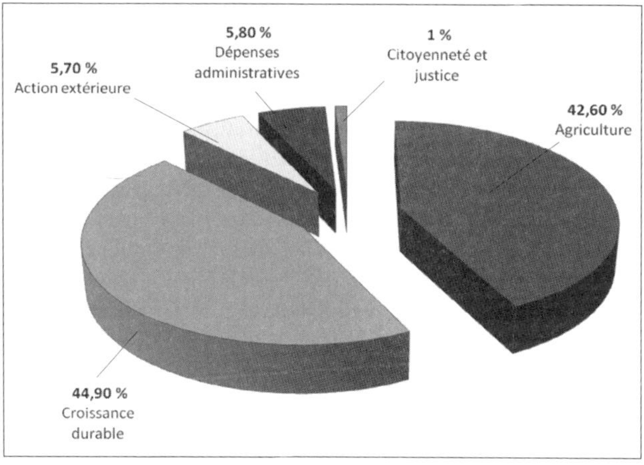

Les dépenses agricoles correspondent aux restitutions effectuées dans le cadre de la PAC afin de compenser les différences de prix des produits agricoles entre l'UE et le reste du monde, ainsi que des aides directes destinées à compenser les pertes de revenu des agriculteurs en cas de baisse des prix d'intervention.

Les dépenses structurelles (croissance durable) relèvent de la politique de développement régional impulsée par l'UE afin de réduire les écarts de développement entre régions européennes, à travers les fonds structurels : le FEDER (Fonds européen de développement régional), le FEOGA-orientation (Fonds européen d'orientation et de garantie agricole), le FSE (Fonds social européen) étant les plus significatifs.

Les dépenses « Action extérieure » financent les programmes d'aide au développement et la coopération avec les pays en voie d'adhésion à l'UE.

Cette situation alimente une importante controverse sur les fonctions du budget européen, qui se focalise sur trois points essentiels :

• Un débat sur la croissance du budget communautaire. Les besoins de financement liés à la construction européenne se sont accrus sous l'effet des élargissements successifs, notamment vers les pays du Sud (Espagne, Portugal, Grèce) et l'Irlande, dont le niveau de développement moins avancé a nécessité un fort accroissement des fonds structurels destinés au financement du développement régional. En conséquence, dès les années 70, la question de la croissance des ressources budgétaires s'est posée. Un groupe d'experts réunis sous la présidence de M. MacDougall avait conclu à une telle nécessité. Mais cette voie n'a pas été suivie et le budget communautaire est resté plafonné à 1,27 % du PNB cumulé des pays membres.

Le débat a retrouvé une nouvelle vigueur avec la mise en place de la monnaie unique. La politique monétaire étant désormais conduite dans le cadre européen, se pose alors la question de sa compatibilité avec les politiques budgétaires toujours aux mains des gouvernements des États membres, bien qu'elle soit encadrée par le pacte de stabilité. La policy-mix de la zone euro se trouve donc dans une situation singulière qui pose le problème de la réaction face à un choc asymétrique (*cf.* le chapitre 6). Le débat oppose donc les tenants d'un véritable fédéralisme budgétaire qui se traduirait par une montée en puissance du budget européen mais qui débouche sur un approfondissement des mécanismes démocratiques et sur le passage à un fédéralisme politique, les tenants d'une stratégie minimaliste cherchant à préserver l'autonomie nationale et, enfin, les partisans de la voie moyenne qui défendent une conception plus pragmatique du budget européen.

• Un débat sur la nature des dépenses. C'est évidemment le poids excessif de la PAC qui est ici en cause : comment développer les actions communautaires dans les domaines social, éducatif, etc. lorsque le financement de la PAC absorbe près de la moitié du budget ? Les détracteurs de la PAC font remarquer que les aides européennes n'ont pas empêché la stagnation du revenu des agriculteurs, ont impulsé un modèle d'agriculture productiviste dont on voit aujourd'hui les limites et n'ont pas enrayé le déclin de la population active agricole. Les tenants du *statu quo* estiment, quant à eux, que c'est le prix à payer pour maintenir une activité agricole en Europe et un tissu social dans les campagnes.

Ce débat a pris un tour nouveau avec la définition et la mise en œuvre de la « stratégie de Lisbonne » censée bâtir une « Europe de la connaissance » en donnant une forte impulsion à la recherche, la formation et la compétitivité dans l'espace européen, et qui exige un important effort financier. Des divergences sont apparues entre les pays membres sur les modalités de financement, opposant notamment M. Blair, partisan d'un redéploiement des dépenses agricoles vers la recherche-développement et M. Chirac, partisan d'un *statu quo*. Le rapport Sapir (2003) sur le budget européen dénonce également le poids excessif des dépenses consacrées à la PAC et aux politiques régionales en regard des besoins dans d'autres domaines jugés plus prometteurs comme la recherche-développement.

• Enfin, le débat a porté également sur la répartition des charges entre les différents États membres. Le problème a été posé brutalement en son temps par Margaret Thatcher qui réclamait, en évoquant la contribution britannique, jugée excessive, au budget européen : « *I want my money back* ». Il est vrai que des disparités considérables existent entre les bénéficiaires nets comme la Grèce, l'Irlande, le Portugal et l'Espagne et les contributeurs nets comme le Royaume-Uni et surtout l'Allemagne. C'est tout le principe de la solidarité financière entre pays membres qui a été ainsi remis en cause.

La mise en place du marché unique a été une œuvre de longue haleine. Affirmé par le traité de Rome en 1957, le principe d'un vaste marché ouvert à la concurrence et fondé sur le principe des « quatre libertés » a mis un quart de siècle à se concrétiser, notamment à la suite de l'Acte unique européen.

C'est incontestablement une des plus grandes réussites de la construction européenne. Mais, pour faire vivre concrètement ce marché unique, il a fallu mettre en place des politiques d'accompagnement dont le succès a été nettement plus mitigé et dont l'application donne lieu à d'importants débats :

• La politique industrielle, ambitieuse au départ, a perdu de sa pertinence devant la montée des idées et des convictions libérales. La conception colbertiste des services publics à la française et d'une politique volontariste dans ce domaine a dû céder devant les arguments libéraux.

• La politique industrielle se résume donc de plus en plus à une politique de la concurrence dans l'espace européen. Dans ce domaine, l'UE s'est dotée d'une législation puissante, mais contraignante.

• Enfin, la monnaie unique repose sur des politiques communautaires dans le domaine de l'action structurelle : élargissement, aide aux régions défavorisées…, ce qui alimente en conséquence un débat sur la nature, l'importance et la destination du budget communautaire.

CHAPITRE 3

La construction européenne s'oppose-t-elle à la mondialisation de l'économie ?

Depuis la fin de la Seconde Guerre mondiale, le lent mouvement d'ouverture des espaces cloisonnés qui constituaient le monde a connu une formidable accélération. Un vaste processus de mondialisation est aujourd'hui à l'œuvre, qui emporte les frontières qui semblaient hier encore infranchissables. Ch.-A. Michalet, reprenant la célèbre expression de Marshall McLuhan, parle de « village planétaire » : le monde est devenu une planète sans frontières où les flux de marchandises et de capitaux sont régis par des firmes transnationales ayant rompu leurs amarres avec leur pays d'origine. À l'ancienne vision Nord-Sud des relations économiques internationales, il faut maintenant opposer celle d'un monde tripolaire, plus ou moins intégré : la Triade, ainsi baptisée par K. Ohmae, qui concentre aujourd'hui l'essentiel de la richesse mondiale.

L'Union européenne affronte ce contexte difficile à un tournant de son histoire. Elle s'est engagée, par l'Acte unique, puis par le traité de Maastricht, à parachever le processus d'unification économique et monétaire commencé en 1957. Depuis le 1er janvier 1999, l'euro est la monnaie officielle de l'Union. Pourtant, cette intégration survient au moment même où les forces centrifuges du marché mondial exercent à plein leurs effets, instillant doutes, réticences et inquiétudes au sein des opinions publiques européennes, comme l'ont montré les péripéties de la ratification du traité de Maastricht. La question se pose donc brutalement : la construction européenne est-elle encore adaptée à une économie mondialisée ? Le projet européen, fondé sur une communauté d'intérêts, mais aussi sur la volonté de dépasser les vicissitudes de l'Histoire, est-il encore le cadre pertinent de la réussite économique ? Autrement dit, l'espace européen s'oppose-t-il ou complète-t-il la mondialisation de l'économie ?

1. – L'espace européen entre intégration et mondialisation

a. – L'Europe et la mondialisation : une relation problématique

Jusqu'au début des années 70, les relations économiques entre les nations étaient caractérisées par l'internationalisation, c'est-à-dire l'ouverture croissante des économies aux échanges de biens, de services et de capitaux. Avec cette notion, on reste dans le contexte d'un échange de biens et de services par des firmes essentiellement centrées sur leurs marchés nationaux. Comme le dit François Rachline : « La logique de l'économie internationale est celle de foyers toujours localisés, attachés aux terres de leur naissance. »

C'est dans ce cadre d'une économie internationale comprise comme communauté de nations, que les économistes classiques, Smith et Ricardo dès la fin du XVIIIe siècle et le début du XIXe siècle, ont posé les fondements de l'analyse libérale du commerce international. Le terme de « nation » pose d'ailleurs problème : il s'agit, au départ, d'une notion politique, et l'analyse ricardienne raisonne, en effet, à partir d'un droit naturel qui serait à la base des relations entre États. Cette conception du commerce international demeure dominante au XXe siècle avec les travaux de Heckscher, d'Ohlin et de Samuelson.

La mondialisation décrit un mouvement d'ouverture croissante des économies les unes par rapport aux autres, à travers des acteurs et des stratégies mondiaux, s'apparentant à la notion braudélienne d'« économie-monde ». Elle implique deux éléments essentiels :

En premier lieu, une montée et un approfondissement du processus d'ouverture des économies à travers une forte mobilité internationale des ressources et des facteurs de production et une concurrence croissante ; formellement, la mondialisation des échanges est le résultat du multilatéralisme, doctrine officielle du GATT depuis 1947, et de l'Organisation mondiale du commerce. Les accords de Marrakech, clôturant le cycle de l'Uruguay et fondant l'OMC, ont consacré l'adhésion de la communauté internationale, et en l'occurrence de l'Europe, aux principes du multilatéralisme. La pierre angulaire en est constituée par les deux premiers articles de l'accord général, qui établissent deux obligations fondamentales pour les parties contractantes : les nations qui adhèrent à l'accord général doivent consentir à toutes les autres la clause de la nation la plus favorisée et doivent appliquer la clause du traitement national, c'est-à-dire l'égalité de traitement entre produits importés et produits nationaux similaires. La clause de la nation la plus favorisée permet ainsi de passer du bilatéralisme (deux nations se consentent des avantages mutuels, mais continuent de se protéger des autres) au multilatéralisme (toutes les parties contractantes bénéficient des abaissements de tarifs établis lors de négociations bilatérales).

En second lieu, la mondialisation s'accompagne d'un processus de globalisation économique et financière, caractérisé par l'émergence de stratégies et d'acteurs (les FMN) mondiaux. La globalisation apparaît fondée sur une logique de firmes dont la délocalisation de plus en plus forte des unités productives et des actifs financiers transcende les frontières nationales ou régionales.

Cependant, dès ses débuts, le GATT a dû composer avec la réalité et reconnaître que le but final d'un libre-échange généralisé peut être accessible par deux voies : la négociation, à travers l'organisation de cycles internationaux de discussions sur l'abaissement des tarifs douaniers (les « rounds »), et la possibilité d'accorder des dérogations pour la constitution d'accords sur une base régionale : c'est l'article XXIV de l'accord général. Sous réserve de satisfaire un certain nombre de conditions, le GATT admet donc l'intégration régionale comme étape intermédiaire vers le multilatéralisme. Depuis le début des années 50, le GATT a eu à connaître plus de 70 propositions d'application de cet article.

En fait, le débat porte sur la nature même de la construction européenne. Plusieurs points de vue s'affrontent concernant les rapports entre régionalisation et mondialisation des échanges :

- Les tenants d'un régionalisme fédérateur (selon l'expression de l'économiste J.-M. Siroen) considèrent la construction européenne comme un but en soi, d'essence éminemment politique, et qui ne saurait se dissoudre dans une mondialisation déstructurante.
- Les tenants du multilatéralisme (l'OMC, les États-Unis) restent attachés à la doctrine libérale en la matière et à une interprétation stricte des principes fondateurs du GATT.
- Enfin, une partie des instances européennes défendent l'idée d'un multilatéralisme coopératif, qui admet le principe de la régionalisation des échanges mais est favorable à une politique de concessions aux mécanismes de marché. Les évolutions récentes de la PAC montrent que cette voie semble la plus suivie actuellement.

b. – Un débat théorique fondamental : la régionalisation est-elle une étape préalable à la mondialisation ?

Le passage par la théorie s'impose pour répondre à la question du sens de l'intégration économique et monétaire européenne face à la mondialisation.

C'est l'analyse néoclassique qui a fourni, surtout au départ, le cadre conceptuel dominant, et, en particulier, la notion d'« optimum » de Pareto : le théorème HOS constitue un des fondements de cette approche statique et atemporelle. Elle a souvent été utilisée de manière comparative, en présentant deux situations clés : l'état d'une économie nationale avant et après la formation d'une union, avec évaluation des effets sur les variables économiques (production, consommation, flux d'échanges, bien-être...). C'est, par exemple, le type de démarche adopté par le rapport Cecchini sur les coûts de la « non-Europe ». Dans cette acception, le libre-échange généralisé constitue un optimum de premier rang.

Toute forme d'intégration serait donc contradictoire avec cet optimum et ne saurait constituer, au mieux, qu'un optimum de second rang : c'est la théorie du « *second best* ». Selon cette conception, l'intégration économique et monétaire de l'Europe peut être considérée comme une étape préalable au libre-échange mondial ; le rôle de l'OMC serait alors d'organiser les négociations de bloc à bloc afin de réduire le protectionnisme. La théorie rend ainsi compatible l'idée de libre-échange, qui s'est tout de même imposée depuis la Seconde Guerre mondiale, et l'existence de zones régionales.

L'intégration économique et monétaire et la régionalisation se justifient également, selon les travaux de J. Meade et J. Viner, par l'existence de gains spécifiques. Selon ces théories de l'union douanière, l'intégration engendre deux effets sur le commerce international :

- un effet de création de trafic (*trade creating*) : le libre-échange à l'intérieur de la zone douanière permet une expansion du commerce,
- un effet de détournement de trafic (*trade diverting*) : l'existence d'un tarif extérieur commun (TEC) rend les produits importés plus chers et oblige à s'approvisionner à l'intérieur de la zone à des coûts plus élevés, ce qui modifie les courants d'échange.

L'analyse montre que l'union douanière n'est profitable que si l'effet de création de trafic est supérieur à l'effet de détournement.

En fait, l'évolution réelle de l'intégration européenne, dès les années 60, a pris en défaut les théories classiques du commerce international. En effet, l'intégration était censée s'accompagner d'une spécialisation renforcée des économies nationales et donc développer un important commerce inter-branche. Or, les études empiriques ont mis en évidence un important commerce intrabranche (ou commerce croisé) au sein de la Communauté. Ce paradoxe a généré toute une série de travaux cherchant à expliquer cette situation. Les principales contributions ont été celles de S.B. Linder et de B. Lassudrie-Duchêne.

Pour Linder, la loi de proportion de facteurs n'explique, au mieux, qu'une faible part du commerce mondial, car elle n'est applicable, et seulement en partie, qu'au commerce des produits primaires entre pays développés et pays sous-développés, sans qu'apparaisse d'ailleurs pour autant une tendance à l'égalisation des rémunérations. Bien au contraire, le commerce Nord-Sud tendrait plutôt à creuser les écarts, surtout lorsque les dotations factorielles nationales sont très différentes en quantités et en qualité.

En revanche, les différences de ressources productives n'ont pratiquement aucune influence sur le commerce des produits manufacturés entre pays industrialisés, qui représente le noyau dur du commerce international. Ce sont alors les conditions relatives à la demande et aux débouchés de ces pays qui jouent un rôle prépondérant. Selon Linder, le marché extérieur prolonge le marché intérieur : « L'exportation est la fin et non le commencement d'un sentier d'expansion typique du marché. Le marché international n'est rien d'autre qu'une extension, au-delà des frontières nationales, de la propre activité du pays. » C'est donc l'importance des débouchés intérieurs préalables à l'exportation qui engendre l'avantage comparé du pays producteur du bien, du fait de l'expérience acquise par les entreprises nationales, du perfectionnement des savoir-faire (*learning by doing*) et, surtout, des économies d'échelle qu'une vaste production intérieure initiale permet de développer.

Bernard Lassudrie-Duchêne a perfectionné et complété l'interprétation de Linder en introduisant ce que l'auteur appelle la « demande de différence », opérant ainsi une synthèse des deux logiques, celle des disparités et celle de la similarité.

« Là où tout est semblable, écrit Lassudrie-Duchêne, il est inutile de rien échanger. » L'échange ne peut s'expliquer que par une différence quelconque. Or, en pratique, si les échanges croisés portent sur des produits semblables, ceux-ci ne sont pas rigoureusement identiques. Les produits manufacturés possèdent un potentiel de différenciation, par leurs qualités spécifiques, par la marque et l'image de marque, le conditionnement, etc.

À la fin des années 70, la nouvelle théorie du commerce international a remis en cause les approches traditionnelles en mettant l'accent sur les imperfections de la concurrence (théorie de la concurrence imparfaite étendue au commerce international, des effets de concentration et de différenciation) et aboutit à une justification théorique majeure de l'intégration européenne. Deux types d'effets dynamiques ont été mis en lumière : ceux qui sont dus à la réalisation d'économies d'échelle par les entreprises (hypothèse cruciale des rendements croissants) et ceux liés aux formes de concurrence dans une zone économique intégrée. Les analyses de Helpman et Krugman ont été, dans ce domaine, particulièrement importantes. L'idée de base est la suivante : le commerce international ne repose pas sur les hypothèses de concurrence pure et parfaite, mais sur une situation de type oligopolistique ; dans ces conditions, les firmes sont amenées à établir de véritables politiques commerciales stratégiques, que l'on peut analyser à partir de la théorie des jeux.

2. – L'intégration européenne a-t-elle favorisé le commerce et la croissance économique des pays de la zone ?

a. – Les compétences communautaires en matière de politique commerciale commune

Depuis la réalisation de l'union douanière (1968), l'Union européenne dispose d'une politique commerciale commune dont le champ d'application est défini par l'article 133 du TCE qui précise : « La politique commerciale commune est fondée sur des principes uniformes, notamment en ce qui concerne les modifications tarifaires, la conclusion d'accords tarifaires et commerciaux, l'uniformisation des mesures de libération, la politique d'exportation, ainsi que les mesures de défense commerciale, dont celles à prendre en cas de dumping et de subventions. »

La Commission est chargée de mettre en œuvre les décisions du Conseil des ministres des Affaires étrangères en la matière.

Dans les faits, chaque pays membre est donc représenté à deux niveaux dans les négociations commerciales multilatérales :

• Chaque État membre dispose de ses propres représentants auprès des instances internationales.

• Les pays membres sont représentés collectivement par l'UE, à travers un représentant unique, le commissaire européen chargé du commerce international.

Cette question du partage des compétences entre pays membres et instances communautaires suscite un important débat portant sur deux points essentiels :

• Elle oblige à une définition extrêmement précise des compétences respectives ; le rôle de la jurisprudence élaborée par la Cour de justice des Communautés européennes est déterminant. Elle a abouti au système de compétences partagées, toujours en vigueur aujourd'hui, et qui impose un double niveau de décision national et communautaire, lequel peut s'avérer lourd et pénalisant dans les négociations internationales.

• Cette situation place indiscutablement l'UE dans une position ambiguë, voire difficile, alors que les États-Unis disposent de ressources juridiques rapides à mettre en œuvre et très efficaces (on pense notamment aux sections 301 et super 301 du Trade Act, aux lois Helms-Burton et d'Amato de 1996).

b. – Le commerce européen : entre ouverture et intégration

Il s'agit maintenant d'analyser la nature des échanges européens. La question est la suivante : dans quelle mesure les évolutions réelles confirment ou infirment-elles les théories sous-jacentes ?

Les diverses études menées sur ce point permettent de dégager quelques perspectives d'ensemble. En première approche, il serait pertinent de mesurer l'évolution de l'ouverture économique de la zone euro.

Avant l'unification monétaire, les pays de la zone euro constituaient individuellement des économies très ouvertes sur l'extérieur avec des taux d'ouverture se situant autour de 30 % en 1993, soit près de trois fois le ratio américain ou japonais. Ce degré élevé d'ouverture commerciale se traduit, en fait, par une forte orientation européenne; en pourcentage du PIB, le commerce intrazone a plus que doublé entre 1960 et 1993, le taux d'exportation passant de 6 % du PIB à 13,5 %, alors que, dans le même temps, le taux d'exportation extrazone stagne globalement. Ensemble, les pays de l'actuelle Union européenne forment une zone relativement fermée, à l'instar des États-Unis et du Japon: le taux d'ouverture européen est toutefois un peu supérieur (11,25 % contre 8,91 % aux États-Unis en 1994).

Par conséquent, **l'internationalisation des pays européens a été considérable depuis les années 60, mais s'est largement effectuée au sein de la Communauté européenne, donc dans un cadre de régionalisation**, comme le montre le tableau ci-dessous pour quelques pays européens:

	Allemagne	France	Italie	Espagne	Suède	Pays-Bas	UE 15
Intégration commerciale avec l'UE [1]	16	16,2	11,9	17,6	22,4	28,3	17,4
Intensité des échanges avec l'UE [2]	49.8	62,5	48,6	66,9	61,9	59,5	56,5

Source: FMI.

1. L'intégration commerciale est mesurée pour chaque pays par le rapport moyenne des exportations et importations sur PIB.

2. L'intensité des échanges est mesurée par la part du commerce total réalisé avec l'UE. Données prévisionnelles pour 2002.

Une approche plus détaillée est toutefois nécessaire. La constatation d'un fort courant de commerce intrabranche a, comme nous l'avons indiqué plus haut, posé un certain nombre d'interrogations théoriques.

Dans une étude récente, L. Fontagné et M. Freudenberg utilisent une décomposition du commerce international bilatéral en trois types : commerce univoque (c'est-à-dire sous forme de flux d'exportations ou d'importations sans que le flux de sens contraire soit significatif), commerce croisé de produits similaires, commerce croisé de produits différenciés verticalement. En se fondant, en partie, sur l'indicateur de Grübel et Lloyd, les auteurs parviennent à une série de conclusions intéressantes : d'une part, entre 1980 et 1996, le commerce intrabranche en différenciation verticale a supplanté le commerce intrabranche et, d'autre part, l'Union européenne, dans son ensemble, tend à se spécialiser dans le haut de gamme. Ce niveau élevé du commerce intrabranche tend à démontrer le caractère régionaliste du commerce européen. Rappelons que cet indicateur, utilisé pour mettre en évidence le commerce intrabranche, rapporte, pour une branche donnée j, la partie équilibrée entre exportations (X_j) et importations (M_j) au commerce total

$$GL = \frac{X_j + M_j - |X_j - M_j|}{X_j + M_j}$$

Que conclure de tout cela ? **Il apparaît nettement que l'internationalisation des économies des pays européens s'est faite largement dans le cadre de la régionalisation**. L'Union européenne constitue aujourd'hui la principale zone commerciale de la planète.

Cette nette tendance observable à la régionalisation des échanges se double d'un réseau d'accords préférentiels que l'UE a conclus avec d'autres ensembles économiques.

Ainsi, dès son origine, la CEE a voulu établir des rapports privilégiés avec les anciennes colonies de certains de ses membres. Ainsi, en 1975, a été impulsée une politique d'accords à long terme avec un groupe de 62 pays ACP regroupant près de 400 millions d'habitants. Quatre conventions ont été signées : Lomé I (1975) Lomé II (1979) Lomé III (1984) et Lomé IV, signée en 1989, qui couvre la période 1990-2000. La convention comporte les volets suivants :

• D'importants avantages commerciaux pour les pays ACP : franchise de droits de douane ou conditions avantageuses d'accès au marché européen.

• Un système de stabilisation des recettes d'exportation de 49 produits agricoles : le STABEX. Lorsqu'une perte d'exportation est constatée sur un produit, le STABEX fournit une compensation au pays touché ; cette compensation est calculée à partir d'une moyenne mobile sur quatre ans. Il est complété par un système de subventions aux produits miniers, le SYSMIN.

Le bilan de ces accords a été jugé peu encourageant, en dépit du fait qu'ils constituent une forme d'aide originale et, *a priori*, bien adaptée aux besoins des pays ACP. Les conflits se sont multipliés (« guerre de la banane », par exemple) et le renforcement du mécanisme de règlement des différends de l'OMC remet en question le maintien de systèmes de préférences différenciées et non réciproques pour des produits vis-à-vis desquels l'économie de certains de ces pays est très dépendante.

Aujourd'hui, l'UE cherche à promouvoir un nouveau type de relations économiques fondées sur la sortie des accords préférentiels et la libéralisation progressive des échanges, suscitant une mobilisation des pays ACP hostiles à cette évolution. Les pertes de recettes douanières seraient en effet considérables pour ces pays. Par ailleurs, la Chine a effectué une remarquable percée sur le continent africain, attirée par ses ressources en matières premières. L'Afrique n'est plus, aujourd'hui, une chasse gardée des Européens.

Cependant, cette régionalisation évidente de l'espace européen, loin d'avoir été un obstacle à la mondialisation, constitue plutôt la réponse la plus appropriée aux défis du marché mondial. C'est à ce point que nous nous intéresserons dans une troisième partie.

3. – La construction européenne : une réponse aux défis du marché mondial

a. – Régionalisation des échanges et mondialisation ne sont pas forcément incompatibles

Sur le plan théorique, d'abord, comme nous l'avons déjà précisé, la régionalisation des échanges n'est pas forcément incompatible avec la mondialisation : c'est le sens de la théorie du « *second best* » ; c'est aussi dans ce sens que l'on peut comprendre les apports de S.B. Linder : l'existence d'un marché intérieur (*id est* celui de l'Union européenne) vaste et capable de générer une forte demande, et donc des économies d'échelle, peut être un tremplin vers la conquête du marché mondial.

Si nous revenons à un plan plus factuel, trois éléments essentiels montrent que l'espace européen n'est pas un obstacle à la mondialisation.

En premier lieu, **l'Europe est entrée de plain-pied dans le processus de globalisation financière**. D'une manière générale, la globalisation financière s'entend comme une extension au niveau mondial du paradigme du marché. La création d'un tel marché unique des capitaux est censé générer une allocation optimale des ressources en capital. La fin des années 70 et le début des années 80 marquent le passage à une économie de marchés financiers, qui ont connu, depuis lors, une croissance considérable, suscitant un développement extraordinaire d'innovations financières dans un contexte de concurrence accrue.

Depuis les travaux de H. Bourguinat, la globalisation financière est analysée à partir de ses trois composantes : décloisonnement, déréglementation et désintermédiation (d'où l'expression « 3D »). Ainsi, en Europe, un marché unifié des capitaux ouvert sur le reste du monde a été créé depuis 1990 avec l'abolition des mesures de contrôle des changes par les pays membres. L'industrie peut désormais financer ses investissements en levant des capitaux sur un marché beaucoup plus profond et liquide, notamment en matière d'obligations.

En second lieu, **l'Europe est partie prenante du processus de globalisation des firmes multinationales** (FMN). L'activité des FMN françaises, allemandes ou britanniques n'est pas limitée aux frontières de l'Union européenne. Les fusions-acquisitions se réalisent sur l'ensemble de la planète ; sur ce plan, l'espace européen vient compléter la mondialisation. Ainsi, dans le secteur automobile, le groupe français Renault a pris le contrôle de Nissan, Daimler-Benz a fusionné avec Chrysler et Ford a racheté les automobiles Volvo. On a pu ainsi assister à l'émergence d'ensembles industriels européens de taille mondiale capables de rivaliser avec les groupes américains et japonais.

Enfin, en troisième lieu, **l'espace économique européen est, de plus en plus nettement, transcendé par les effets de ce qu'on appelle la « nouvelle économie »**. La globalisation s'appuie en effet sur l'émergence de l'économie du savoir, ce qui se traduit aujourd'hui par une mobilité croissante des facteurs de production et des biens et services entre les trois pôles de la Triade. Sur ce plan, la réponse de l'UE au défi de la mondialisation a été la mise en œuvre de la **stratégie de Lisbonne**. En mars 2000, le Conseil européen de Lisbonne s'est fixé l'objectif stratégique de construire « l'économie de la connaissance la plus compétitive et la plus dynamique du monde » à l'horizon 2010 et ce, dans le cadre d'une plus grande cohésion sociale. Pour remplir ce programme, une liste d'objectifs chiffrés a été arrêtée, mais un bilan à mi-parcours (rapport Kok, 2005) montre que les résultats atteints sont nettement insuffisants.

b. – La multiplication des conflits commerciaux

Depuis la mise en place du GATT, en 1947, et grâce aux efforts déployés à la suite des cycles de négociations commerciales multilatérales (NCM), les échanges internationaux ont connu une très forte progression et ont été indiscutablement un moteur essentiel de la croissance économique d'après guerre. Le niveau des droits de douane a pu ainsi être porté d'une moyenne de 40 % en 1947 à 4 % aujourd'hui.

Mais, très rapidement, les principes de la politique commerciale et douanière européenne sont entrés en conflit avec les intérêts économiques de pays tiers et avec les principes fondateurs du GATT. Leur confrontation a été une des principales sources des conflits commerciaux contemporains. Cette pression sur la politique commerciale européenne s'est traduite, au fil des NCM, par deux éléments essentiels.

Le débat a d'abord porté sur le tarif extérieur commun, qui constitue l'élément central de la préférence communautaire. Il en a résulté un véritable laminage, qui a porté la moyenne du TEC à moins de 4 %, lui ôtant ainsi toute efficacité économique. Les mécanismes de contingentement ont fait également l'objet d'âpres débats, qui ont abouti à leur remise en cause, à l'exemple des accords multifibres signés en 1974 avec les pays exportateurs de textile d'Asie du Sud-Est notamment, dans le but de protéger le marché européen, et qui doivent être démantelés à la suite de l'Uruguay Round.

Le débat s'est ensuite focalisé sur la question des préférences régionales. Les accords de Lomé sont ici particulièrement visés. Le « conflit de la banane » est, à cet égard, emblématique. La CEE puis l'Union européenne, en application des accords de Lomé et dans le cadre de l'Organisation commune des marchés créée par les Européens en juillet 1993, importent essentiellement leurs bananes de la zone ACP au détriment des pays producteurs d'Amérique centrale, soumis au contrôle direct des FMN américaines de l'agroalimentaire. À l'automne 1996, l'OMC est saisie d'une plainte des pays concernés (États-Unis, Guatemala, Équateur, Mexique, Honduras) et, huit mois plus tard, l'OMC condamne la pratique européenne reconnaissant donc explicitement la demande américaine.

Enfin, le débat oppose plus directement États-Unis et Europe. Les conflits se sont nettement multipliés depuis la fin de l'Uruguay Round : « guerre » de l'aéronautique opposant

Boeing et le consortium européen Airbus, dossier du bœuf aux hormones, « guerre de l'acier », etc. Plus généralement, la PAC est l'objet de débats particulièrement houleux. Son système de prélèvement/restitution est régulièrement visé par les autorités américaines (*cf.* chapitre 4).

Cependant, la mondialisation pose de nouveaux défis et de nouveaux problèmes à l'espace économique européen. C'est qu'en effet la mondialisation de l'économie met en relation des pays aux caractéristiques très différentes. Elle fait peser une menace de dumping social ; le renforcement de l'Europe sociale est un élément important de la poursuite de la construction européenne ; le président de la République française, M. Chirac, avait d'ailleurs proposé une « troisième voie » lors de la conférence intergouvernementale de Turin en avril 1996. Le traité d'Amsterdam (1997) a réaffirmé la nécessité de renforcer l'Europe sociale ; toutefois, la clause d'« *opting-out* » dont bénéficie la Grande-Bretagne montre que l'unanimité est loin d'être réalisée dans ce domaine

L'Europe a été à l'origine, et demeure encore aujourd'hui, un projet politique. C'est là sa première légitimité. La politique commerciale et douanière avait un rôle important à jouer dans la définition de cette identité européenne en contribuant à établir un véritable espace économique européen.

Avec le processus de mondialisation, la construction européenne doit rechercher une nouvelle légitimité, davantage économique et sociale. Face aux effets dissolvants du marché mondial, l'intégration a non seulement un sens mais constitue sans doute la perspective la plus favorable et la plus pertinente pour les vieilles nations européennes.

CHAPITRE 4

La politique agricole commune : succès ou échec ?

Premier et principal domaine de l'intégration européenne, la politique agricole commune a permis de sortir l'Europe de sa situation de dépendance et de faire de l'Union européenne le principal marché solvable en matière agricole et agroalimentaire, ainsi que la première zone exportatrice et importatrice dans le monde.

Il est vrai que l'agriculture joue un rôle structurant, non seulement dans l'alimentation et la recherche de l'autosuffisance dans ce domaine, mais aussi en termes d'aménagement du territoire et de gestion de l'environnement.

Mais, parce qu'elle a impulsé un modèle d'agriculture productiviste, la PAC a conduit à des impasses et des blocages régulièrement dénoncés par les tenants d'une agriculture plus respectueuse de l'environnement : excédents agricoles coûteux, système de subventions parfois absurde, endettement massif des agriculteurs… De plus, la PAC a fait l'objet de virulentes critiques au plan international. Depuis le cycle de négociations de l'Uruguay Round, elle demeure au centre des débats au sein du GATT et de l'OMC, et son mécanisme de protection est régulièrement dénoncé dans un contexte global d'affrontement entre l'agriculture européenne et l'agriculture américaine.

La nécessaire réforme de la PAC est donc en marche, portée par deux préoccupations essentielles :

– comment transformer un modèle d'agriculture productiviste, désormais victime de son succès, et vers quel type d'agriculture se diriger ?

– comment gérer les tensions commerciales internationales et adapter, voire démanteler, un système de protection de l'agriculture critiqué de toutes parts ?

1. – L'agriculture européenne : un succès, mais à quel prix ?

a. – Principes généraux et mise en œuvre de la PAC

Le traité de Rome, par son article 32CE, étend le marché commun aux produits agricoles. C'est qu'en effet l'agriculture européenne est, à la fin des années 50, une agriculture peu productive, fondée sur la petite exploitation familiale. L'Europe des Six compte alors 17,5 millions d'agriculteurs exploitant une surface agricole utile (SAU) de 87 millions d'hectares, soit une SAU moyenne de 5 ha par exploitation. À la même période, l'agriculteur américain dispose en moyenne de 100 ha ; il nourrit 50 personnes contre 10 pour un agriculteur européen. Avec un taux d'approvisionnement de 85 %, l'Europe est dépendante du reste du monde pour son approvisionnement alimentaire.

Dans ce contexte, les instances européennes assignent à la PAC cinq objectifs essentiels :

- accroître la productivité des exploitations agricoles,
- assurer un niveau de vie équitable à la population agricole,
- stabiliser les marchés des produits agricoles,
- garantir la sécurité des approvisionnements,
- assurer des prix raisonnables aux consommateurs,

Dès lors, il faut organiser la PAC sur des principes communs. La **conférence de Stresa** (juillet 1958) en définit ainsi les trois principes généraux fondateurs :

a) **principe d'unicité du marché** des produits agricoles : un seul marché, sans droits de douane ni subventions nationales, fondé sur le prix unique par produit et sur l'harmonisation des réglementations sanitaires et administratives,

b) **principe de solidarité financière** entre États membres : les charges liées à la PAC sont réparties entre les États. À cet effet, est créé en 1962 le Fonds européen d'orientation et de garantie agricole (FEOGA), structuré en deux sections : une section « orientation », qui gère la politique structurelle de long terme en participant au financement de l'amélioration des structures de production, de transformation et de commercialisation des produits agricoles ; une section « garantie », qui sert à financer la régulation des dépenses découlant de l'organisation des marchés (achats et stockages, notamment) et les restitutions aux exportations. La répartition actuelle est de 89 % des dépenses pour le FEOGA-garantie et de 11 % pour le FEOGA-orientation,

c) **principe de préférence communautaire** : un mécanisme de prélèvement et de restitution, géré par le FEOGA, doit conduire les acheteurs européens à privilégier les produits communautaires par rapport aux pays tiers, selon un prix de référence appelé « prix de seuil ».

Le fonctionnement de la PAC repose essentiellement sur les *organisations communes de marché* (OCM) qui couvrent la presque totalité de la production agricole et par lesquelles transitent les fonds de la section « garantie » du FEOGA.

Le mécanisme d'intervention sur les différents marchés (céréales, produits laitiers, viande bovine...) comporte donc la fixation annuelle de prix indicatifs servant de références aux marchés et de prix-planchers ou d'intervention qui, lorsqu'ils sont atteints, justifient les mesures de soutien des cours. Enfin, en matière d'importations et d'exportations, le FEOGA compense la différence de prix entre le cours mondial d'un produit et le prix de seuil européen. Lorsque le cours mondial est inférieur au prix européen (cas le plus fréquent), un prélèvement est opéré, ce qui porte le prix au niveau communautaire ; ce dispositif est complété par le versement de subventions à l'exportation pour rendre les produits agricoles européens plus compétitifs, comme le montre le schéma ci-dessous :

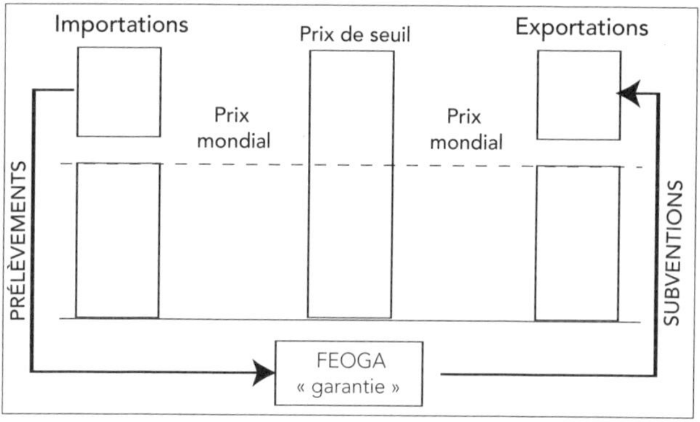

b. – Les résultats : la PAC victime de son succès ?

L'orientation nettement productiviste imprimée à la PAC dès sa création a porté ses fruits au-delà de toute espérance en matière d'approvisionnement alimentaire, puisqu'il n'a fallu qu'une décennie pour parvenir à l'équilibre : dès le début des années 70, l'Europe devient exportatrice nette de produits agricoles. Dans la plupart des productions, le taux d'autosuffisance est largement dépassé, dans la mesure où, loi d'Engel oblige, la croissance de la consommation alimentaire (de l'ordre de 0,5 % par an en moyenne) est moins que proportionnelle à la croissance des revenus (2,5 % en moyenne annuelle). Par exemple, pour l'ensemble des produits laitiers, l'autosuffisance est atteinte en 1974, mais la production continue à croître au rythme annuel de 2,6 % alors que la consommation ne progresse que de 0,6 % par an.

Ainsi, dès sa mise en œuvre, la PAC portait en germe les éléments de sa réussite mais aussi de ses problèmes futurs. En effet, le système de subvention/protection, en découplant l'agriculture du mécanisme de sanction par le marché et les prix, a conduit aux excédents, particulièrement dans les domaines de la production laitière, de la viande bovine et des céréales. On évoquait alors, sur le mode apocalyptique, les « montagnes de beurre » et les « fleuves de lait » de plus en plus coûteux à gérer.

Cette évolution a été accompagnée d'un important changement structurel.

• Une nette amélioration des techniques de production (sélection génétique, utilisation massive des engrais et des traitements, machinisme agricole…) a permis une croissance sans précédent des rendements. En 25 ans, de 1965 à 1990, les rendements céréaliers sont passés de 20 à 70 quintaux à l'hectare pour le blé, tandis que la production laitière était multipliée par 2. La productivité agricole a été nettement supérieure à celle des autres branches productives.

• La taille moyenne des exploitations s'est accrue, passant de 5 à 20 ha actuellement, ce qui reste en deçà des moyennes américaine ou canadienne, mais témoigne d'une tendance à la concentration, notamment dans les pays d'Europe de l'Ouest. La population active agricole n'occupe plus que 4 % de la population active en France, ce qui a amené le sociologue H. Mendras à évoquer la « fin des paysans ».

• Une véritable industrialisation de l'agriculture s'est opérée par le développement des liens avec l'industrie agro-alimentaire et des productions hors sol ; l'agriculteur devient de plus en plus un fournisseur de produits destinés à la transformation et est ainsi de plus en plus dépendant de l'industrie.

Tout le raisonnement économique sur lequel se fonde la PAC est ainsi remis en cause, d'autant que le début des années 70 et l'entrée dans la crise constituent un tournant pour l'agriculture européenne :

• La crise pétrolière vient accroître fortement le coût des inputs consommés par l'agriculture alors même que le revenu des agriculteurs ne progresse plus : cette « crise des ciseaux » vient aggraver leur niveau d'endettement, déjà massif.

• L'agriculture européenne est confrontée, au tournant des années 70, à l'instabilité monétaire qui fait suite à l'effondrement du système de Bretton Woods. Conçue dans un contexte de changes fixes centré sur le dollar, la PAC a dû subir les fluctuations de change des années 70 et 80, ce qui a conduit à une remise en cause du principe du prix unique supposant soit une stabilité monétaire, soit une monnaie unique ou commune. Dès la fin des années 60, avec la réévaluation du mark et la dévaluation du franc, le Conseil européen a décidé la mise en place des montants compensatoires monétaires (MCM), mécanisme fort complexe destiné à corriger les effets des variations monétaires : un pays dont la monnaie se déprécie voit ses exportations taxées et ses importations subventionnées, et inversement pour un pays dont la monnaie s'apprécie. Le passage aux changes flottants en 1973 a entraîné la montée en puissance de ce système, qui ne sera totalement démantelé qu'avec l'introduction de la monnaie unique.

• Dès lors, confrontées à cette forte montée des coûts liés à la surproduction, on assiste à une véritable envolée des dépenses européennes agricoles : le coût de la PAC devient prohibitif et absorbe en 1988 jusqu'à 63 % du budget européen, ce qui laisse peu de marge pour financer d'autres projets, notamment en matière industrielle.

Cette nouvelle situation est à l'origine d'un vaste débat sur les finalités de la politique agricole commune.

2. – Un débat toujours d'actualité : faut-il démanteler ou réformer la PAC ?

Comme nous l'avons vu, le succès de la PAC en matière d'autosuffisance agricole, puis de conquête des marchés mondiaux, est indéniable. Les États-Unis, qui, avec le plan Marshall, avaient contribué au relèvement de l'agriculture européenne, n'imaginaient certainement pas qu'ils auraient à compter avec une concurrente redoutable en une vingtaine d'années. Pour les Européens eux-mêmes, le succès de la PAC est une « divine surprise » dans la mesure où le projet européen était fondé, avec la CECA, sur le développement industriel. Or, force est de constater que l'Europe industrielle est un projet inabouti alors que la PAC reste encore aujourd'hui au cœur de l'économie européenne.

Il était par ailleurs évident que la montée en puissance de l'Europe dans le domaine agricole finirait par entrer en conflit avec les États-Unis, puissamment installés dans le commerce agricole mondial. À l'origine, le GATT avait accordé un statut particulier aux produits agricoles, largement absents des cycles de négociations commerciales multilatérales (NCM) des années 60 et 70. En référence à la théorie du « *second best* », la création d'un vaste marché agricole européen, certes protégé, pouvait être conçue comme un préalable à une intégration future de l'agriculture dans le commerce mondial. Or, les faits montrent qu'il n'en est rien. La grande majorité des agriculteurs européens considèrent la PAC comme une fin en soi et militent pour un maintien des principes fondateurs, des dérogations aux règles de l'OMC et pour la poursuite de la politique de subvention et de soutien des prix. Cette situation a entraîné l'émergence et la radicalisation d'un contentieux, avec les États-Unis d'abord, mais aussi avec d'autres pays. Ce contentieux est devenu au fil du temps un véritable conflit commercial générant des positions de plus en plus tranchées, et dont il s'agit maintenant de dégager les principaux enjeux.

a. – Le différend Europe-États-Unis

Les positions en présence

• La position américaine est marquée depuis longtemps, en fait depuis 1945, par l'ambition d'être les grands fournisseurs de produits agricoles du monde : le *farmer* américain est capable, grâce à son savoir-faire et sa technologie, de nourrir non seulement la population des États-Unis, mais l'ensemble du monde. Très tôt, l'administration américaine a mis en place une politique agressive de conquête des marchés mondiaux, favorisant l'exportation de produits agricoles et, plus largement, du modèle alimentaire américain. La loi PL 480, qui institutionnalise l'aide alimentaire vers les pays du tiers-monde a ainsi été utilisée dans ce sens. Cette politique implique toutefois des mécanismes d'aide aux agriculteurs ; les États-Unis ont opté pour un système de compensation des revenus des agriculteurs, les « *deficiency payments* », qui permettent à ces derniers de vendre à bas prix, l'administration prenant en charge le complément de revenu des agriculteurs. Les Américains soutiennent que ce système n'est pas en contradiction avec les règles du GATT et de l'OMC car il ne s'accompagne pas de mesures protectionnistes.

• La position européenne est nettement différente dans la mesure où la PAC n'a pas seulement un objectif économique, par ailleurs largement atteint, mais aussi un objectif social clairement affirmé dès ses débuts : sauvegarder dans la mesure du possible un modèle agricole fondé sur l'exploitation familiale à taille humaine, mais viable économiquement. De plus, la population active agricole est nettement plus importante en Europe qu'aux États-Unis. Surtout, le mécanisme de prélèvement/restitution géré par le FEOGA contrevient de manière explicite aux règles de l'OMC, alors que le système américain est plus discret.

• Enfin, il faut ajouter un troisième intervenant dans le débat ; il s'agit du **groupe de Cairns**, composé de 14 pays dont le niveau de production agricole est performant (ces pays assurent actuellement près du tiers des exportations agricoles mondiales), parmi lesquels l'Argentine, l'Australie, le Brésil, le Canada et la Nouvelle-Zélande. Renvoyant États-Unis et Europe dos à dos, ces pays réclament une plus grande transparence des prix par l'abandon de toute forme de soutien et surtout la libre circulation des produits agricoles.

Un débat de plus en plus tendu

Avec l'ouverture du cycle de l'Uruguay en 1986, le problème agricole est au centre des discussions, l'agriculture européenne étant clairement en position d'accusée. Il est vrai qu'elle représente désormais une menace pour l'hégémonie américaine, d'autant qu'elle a profité du très haut niveau du dollar entre 1980 et 1985 (avec un record de 10,61 F pour un dollar en mars 1985) pour conquérir de nouveaux marchés. Les années 80 ont ainsi été émaillées de conflits à répétition entre l'Europe et les États-Unis : les agrumes en 1985-1986, le maïs en 1986-1987, le soja en 1988…

Le bras de fer euro-américain portait alors sur deux points essentiels :

- l'accès au marché communautaire,
- l'ampleur des aides à l'agriculture.

Après de nombreux rebondissements et tractations, qui ont d'ailleurs empêché ce cycle de se conclure dans les délais prévus et qui ont même failli le faire échouer, un terrain d'entente a été trouvé par l'accord de Blair House : les subventions européennes à l'exportation doivent être diminuées, un accès minimum au marché européen doit être garanti et les prélèvements à l'importation doivent être convertis en droits de douane susceptibles d'être réduits progressivement. Enfin, par une clause dite « de paix », les aides au revenu des agriculteurs européens et américains sont reconduites jusqu'en 2004. Indéniablement, l'accord obtenu à l'issue du cycle de l'Uruguay a amorcé une libéralisation des échanges agricoles. L'OMC, à la suite du GATT, a en charge la poursuite et l'approfondissement de ce processus. Le nouveau cycle de négociations, enclenché à Seattle, mais surtout à Doha, contraint l'UE à limiter fortement ses subventions à l'exportation, ce qui constitue la principale revendication des partenaires et rivaux commerciaux qui en dénoncent régulièrement le niveau excessif.

La diminution significative de ces subventions oblige cependant l'UE à une réforme profonde de la PAC, qui apparaît aujourd'hui inévitable.

b. – Pourquoi et comment réformer la politique agricole commune ?

Réformer la PAC : un vieux débat

Le bilan de la PAC fait l'objet d'un âpre débat entre ceux qui considèrent qu'elle représente une des plus belles réussites européennes, dans la mesure où elle a fait de l'Europe une puissance agricole, et pour lesquels toute réforme doit se limiter à en corriger les défauts en matière d'excédents de production et de problèmes de stockage : l'Europe agricole aurait donc « trop bien réussi ». Pour d'autres, la PAC est un échec parce qu'elle a engagé l'agriculture européenne dans une voie productiviste sans issue, qu'elle n'a pas réussi à maintenir à un niveau convenable le revenu des agriculteurs et qu'elle coûte extrêmement cher au budget communautaire. Les événements liés à l'ESB et aux OGM, et l'émergence de la notion de risque alimentaire, renforcent la conviction de ceux qui pensent qu'il faut changer de politique agricole de manière radicale.

Dès 1968, l'idée d'une profonde réforme structurelle était évoquée, par la publication d'un *Mémorandum sur la réforme de l'agriculture de la CEE*, sous la responsabilité de **Sicco**

Mansholt, alors vice-président de la Commission. Il s'agissait de conforter l'orientation productiviste de la PAC en accélérant la disparition des petites exploitations familiales et en démantelant le système de soutien des prix. Cette réforme est restée lettre morte.

Il faut attendre la fin des années 70 pour que l'orientation productiviste initiale soit réellement contestée. Les mesures de 1979, 1984 et 1988 remettent implicitement en cause la logique productiviste de la PAC. L'idée d'une baisse de la production fait son chemin, avec notamment une mesure spectaculaire de « gel des terres », programme de mise en jachère de terres moyennant le versement de primes, ainsi que l'introduction des quotas laitiers. Il s'agit d'une mesure assez radicale de contingentement de la production laitière destinée à mettre fin aux excédents.

La **réforme Mac Sharry** de 1992 constitue le véritable tournant. Celle-ci reprend et systématise les principales mesures précédentes :

• Volonté de maîtrise de la production par la mise en jachère d'environ 15 % des terres (notamment dans les productions céréalières et oléo-protéagineuses). Le productivisme ne semble plus à l'ordre du jour : ainsi, l'élevage extensif est privilégié par un système de primes (vache allaitante, par exemple).

• Réorientation des aides agricoles : la politique de soutien des prix est abandonnée au profit d'une politique de soutien des revenus agricoles : la PAC se rapproche nettement du modèle américain d'aide directe à l'agriculteur.

• Mise en place de critères environnementaux dans la production agricole, qui illustre la montée des idées écologiques dans l'opinion publique européenne.

• Enfin, l'insertion de l'agriculture européenne dans le commerce mondial doit être une réalité. La PAC doit se conformer davantage aux directives de l'OMC.

Au total, il s'agit bien d'une « nouvelle PAC », fondée sur l'idée de développement rural viable ; sur le plan financier, elle s'est accompagnée d'une baisse très nette du poids des dépenses agricoles dans le budget de l'UE. Le FEOGA ne représente plus désormais que 45 % des dépenses, ce qui reste tout de même encore considérable, d'autant plus que les agriculteurs ne correspondent plus aujourd'hui qu'à 6 % en moyenne de la population active de l'UE.

La PAC aujourd'hui : quelles perspectives ?

La réforme engagée en 1992 a été complétée et systématisée par l'accord politique du Luxembourg en juin 2003, qui crée la « nouvelle PAC », entrée en vigueur le 1er janvier 2006. Le commissaire européen Franz Fischler a fait adopter le principe du découplage : la plus grande partie des aides est désormais versée indépendamment des quantités produites (« aides découplées »), sur la base des surfaces exploitées, et ces aides sont désormais subordonnées au respect de normes environnementales et de sécurité alimentaire.

Cette réforme cherche à corriger les excès et les impasses d'une aide à la production qui profitait essentiellement aux grandes exploitations et à l'industrie agro-alimentaire. À l'horizon 2013, la PAC devrait supprimer l'ensemble de ses dispositifs de subvention à l'exportation, se mettant ainsi en conformité avec l'OMC. Pour les tenants de la PAC traditionnelle, une telle perspective signifie le sabordage de l'agriculture européenne et présente un risque majeur de dépendance alimentaire. Il faut compter également avec la forte montée de la demande mondiale de céréales (notamment du fait de la Chine et de l'Inde), qui exerce une pression sur les prix, ce qui pourrait favoriser le retour des conceptions productivistes.

CHAPITRE 5

L'Europe monétaire : aboutissement ou nouveau départ pour la construction européenne ?

L'Europe monétaire constitue aujourd'hui le projet le plus abouti d'intégration économique dans le monde. Le passage à l'euro, le 1er janvier 1999, et l'utilisation d'une monnaie fiduciaire unique au 1er janvier 2002 constituent une étape fondamentale vers la mise en place d'un ensemble intégré de plus de 375 millions d'habitants, principale zone économique de la planète. Au-delà, l'euro représente un véritable symbole du rapprochement entre les différentes nations du continent européen, une étape fondamentale dans la construction européenne dont le but principal est, dans l'esprit des « pères » fondateurs, d'établir une paix durable en Europe.

Le projet d'Europe monétaire est relativement ancien. Son origine remonte aux années d'après guerre et à l'Union européenne de paiements. Dès les années 60, Jacques Rueff estimait que « l'Europe se fera par la monnaie ou ne se fera pas ». Le traité de Rome en évoque la possibilité à terme, mais il faudra attendre le traité de Maastricht, signé en février 1992, pour qu'une démarche volontariste et un calendrier précis soient définis.

L'union monétaire de l'Europe est, au départ, une réponse à l'instabilité des changes qui a suivi l'effondrement du système de Bretton Woods. Le système monétaire européen cherchait, en son temps, à préserver l'Europe des conséquences de la volatilité des monnaies des années 80. Mais d'autres problèmes sont apparus, que le passage à l'euro n'a pas entièrement résolus : quels avantages attendre d'une monnaie unique ? Quelles politiques économiques, et notamment monétaires, doit-on mettre en œuvre ? Quelles doivent être les prérogatives pour la Banque centrale européenne ? C'est, semble-t-il, en allant de l'avant que l'Europe trouve progressivement des réponses.

1. – Les prémices de l'Europe monétaire : de l'UEP au SME

a. – La lente progression de l'idée d'unification monétaire

Il est possible de faire remonter les origines de l'unification monétaire de l'Europe au début des années 50, avec la création de **l'Union européenne de paiements (UEP), qui constitue une première forme de coopération monétaire**. Dès le début des années 50, la phase de reconstruction des pays d'Europe occidentale s'achève et les échanges entre pays européens progressent; mais le développement de ces échanges bute sur la question de la pénurie de devises, notamment de dollars (période dite du « *dollar gap* »). Dans le cadre de l'OECE (Organisation européenne de coopération économique, chargée à l'origine de la répartition des subsides de l'aide Marshall), est alors créée l'UEP. C'est un organisme de compensation destiné à faciliter le règlement des soldes des balances des paiements entre les États membres de l'OECE. Disposant de fonds en or et en dollars provenant de l'aide américaine et des contributions des États membres, l'UEP centralise les soldes positifs et négatifs des flux commerciaux qui se compensent ainsi en grande partie. Ce système favorise la reprise du commerce intra-européen en levant les hypothèques du manque de devises et de l'absence de convertibilité entre monnaies européennes. L'UEP a été dissoute en 1958 avec le retour à la convertibilité des monnaies européennes.

Par ailleurs, l'adhésion européenne aux accords de Bretton Woods, système de changes fixes centré sur le dollar, exerce un effet stabilisateur sur les monnaies européennes.

Cependant, la poussée inflationniste en France entraîne une dévaluation du franc en août 1969; une réévaluation du mark a lieu en octobre de la même année. Ces perturbations monétaires posent le problème de la coordination des politiques européennes, notamment dans le domaine agricole, où la politique commune est régie par le principe du prix unique.

La mise en place des montants compensatoires monétaires a eu pour but de corriger les distorsions de concurrence dues aux fluctuations monétaires, mais au prix d'une complexité accrue.

Ces difficultés ont cependant le mérite de faire progresser l'idée d'unification monétaire. Le **plan Werner** (1970), ambitieux et novateur, prévoit l'établissement d'une union économique et monétaire fondée sur une monnaie commune et un système commun de banque centrale. Mais ce projet restera lettre morte. L'effondrement du système de Bretton Woods (août 1971) et l'entrée dans la crise économique vont obliger le Marché commun à adopter, dans l'urgence, des solutions transitoires.

En décembre 1971, sont signés les accords de Washington (ou du Smithsonian), qui créent un système de tunnel (marges de fluctuation portées à ± 2,25 % autour du dollar, qui demeure la monnaie de référence internationale), censé donner plus de souplesse et une meilleure capacité d'adaptation au SMI. Toutefois, ce système ne satisfait pas les Européens. Il autorise, en effet, une variation totale de deux monnaies entre elles de 9 %, ce qui est considérable.

Or cette période est marquée par les tentatives de relance de la construction européenne : il faut dépasser le simple cadre agricole pour donner un projet à l'Europe, ce qui serait impossible si les monnaies variaient trop les unes par rapport aux autres. Pour régler cette question, les Européens décident de créer le serpent monétaire européen lors des accords de Bâle, en 1972. Les monnaies européennes évoluent dans le tunnel de manière groupée, ce qui divise par deux la marge théorique de fluctuation entre elles.

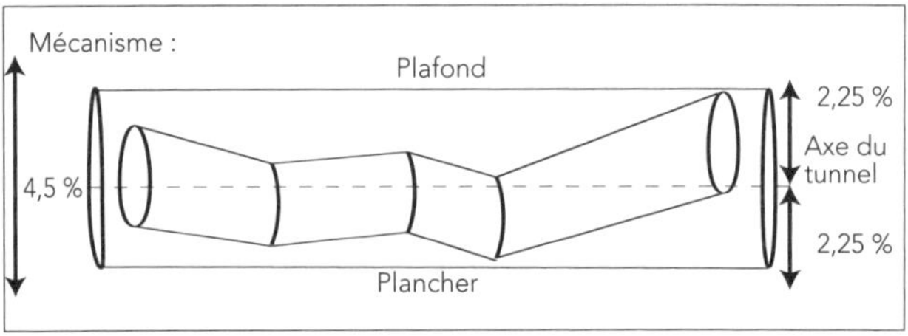

Les marchés des changes ne sont pas pour autant stabilisés. En février 1973, le dollar est de nouveau dévalué, sans concertation ; les Européens choisissent donc le flottement concerté : leurs monnaies sortent du tunnel de Washington, mais restent groupées : le serpent sort du tunnel. Enfin, le choc pétrolier de fin 1973 et ses premières conséquences (inflation, déficits commerciaux…) vont faire sortir les monnaies européennes du serpent : le flottement est donc général fin 1973. Il sera officialisé lors des accords de la Jamaïque, en janvier 1976 : le plaidoyer flexibiliste de Milton Friedman en faveur des changes flottants emporte alors la conviction générale.

Le plaidoyer de Milton Friedman en faveur des changes flottants

« [...] Un système de change fluctuant élimine complètement le problème de la balance des paiements – exactement de la même manière que sur un marché libre il ne peut y avoir de pénurie ou d'excédent, dans la mesure où les vendeurs agressifs sont dans l'incapacité de trouver des acheteurs, et inversement. Le prix peut connaître des fluctuations, mais ne peut entraîner de pénurie ou d'excédent suffisamment fort pour provoquer une crise des échanges extérieurs. Les taux de change fluctuants mettraient fin aux graves problèmes qui exigent que les secrétaires d'État au Trésor et les gouverneurs se réunissent de plus en plus souvent, pour tenter de mettre sur pied des réformes radicales. Ils mettraient également un terme aux crises accidentelles qui obligent les hauts fonctionnaires à courir frénétiquement d'une capitale à l'autre, aux appels téléphoniques au milieu de la nuit entre les banques centrales qui, pour soutenir leurs monnaies respectives, sont condamnées à aligner les prêts. »

M. Friedman, *Inflation et systèmes monétaires*, Calmann-Levy, 1976.

b. – Le système monétaire européen : un bilan contrasté

La solution du serpent monétaire, adoptée lors des accords de Bâle de 1972, ne fut guère durable : elle ne résista pas aux effets du choc pétrolier de 1973. C'est pour remédier aux imperfections de ce système et établir une coopération monétaire durable et étroite, mais aussi pour parer aux effets néfastes pour la construction européenne du flottement des monnaies effectif depuis 1973 que le système monétaire européen (SME) est adopté à la suite du sommet de Brême, en juillet 1978.

Le SME repose sur trois principes essentiels :

• Rattachement des monnaies européennes à un étalon commun, l'ECU (European Currency Unit), défini à partir des monnaies des pays membres, la part de chaque monnaie étant pondérée par le poids économique du pays au sein de la CEE. C'est donc une monnaie composite, servant à déterminer les cours pivots de référence pour chaque monnaie.

• Chaque banque centrale qui adhère au mécanisme de change doit s'engager à maintenir le taux de change dans le cadre des marges définies ; une bande de fluctuation de plus ou moins 2,25 % autour du cours pivot est instaurée. Le principe d'un soutien financier entre banques centrales est adopté, ainsi que la possibilité de réajuster les cours pivots par des dévaluations ou réévaluations afin d'adapter les cours de change aux performances macroéconomiques des pays membres en matière de croissance et d'inflation. Ces éventuels réalignements monétaires sont toutefois soumis à la règle de l'unanimité au sein du Conseil des ministres de l'Économie et des Finances (Conseil Ecofin).

• L'ECU est une unité de compte et un moyen de paiement entre banques centrales. Son émission est gérée par le Fonds européen de coopération monétaire (FECOM) en contrepartie du dépôt par les banques centrales d'une partie de leurs réserves en or et en devises.

c. – Quel a été le bilan du SME ?

Le SME s'est globalement bien comporté dans la tempête monétaire des années 80. Certes, il y a eu de nombreux réaménagements de parité – 17 entre 1979 et 1994 – mais leur ampleur est restée limitée par rapport aux fortes variations du dollar ou du yen. De plus, en matière de lutte contre l'inflation, le SME a été un succès évident ; il a agi, dans ce domaine, comme **un levier de convergence**. En baisse constante depuis 1991, l'inflation atteint en 2001, avec 1,3 % en moyenne annuelle pour l'Union européenne, son plus bas niveau de l'après-guerre.

Ce succès ne saurait cacher, toutefois, d'incontestables faiblesses :

Les performances en matière de croissance et de lutte contre le chômage ont été médiocres ; les choix de politique monétaire restrictive ont fait de l'Union européenne une zone de basse pression économique. Surtout, la convergence dans ce domaine est restée faible, avec des taux de chômage oscillant en 1998 entre 2,5 % au Luxembourg et 16 % en Espagne. C'est sans doute le principal échec du SME.

Le fonctionnement du SME a été excessivement asymétrique : l'influence de la politique monétaire allemande et le rôle central du deutsche Mark ont fait qualifier le SME de véritable « zone mark ». Deux facteurs ont certainement contribué à cette suprématie allemande :

• la réputation et la crédibilité de la monnaie allemande, assises sur une pratique continue de lutte contre l'inflation, depuis la création du mark en 1948, et le principe d'indépendance de la Bundesbank ;

• le deutsche Mark pouvait se prévaloir d'un statut de monnaie internationale de réserve et de facturation.

Cette asymétrie a été particulièrement sensible au début des années 90 dans le contexte de la réunification allemande. La récession économique qui touchait alors les pays européens aurait exigé une politique de relance fondée sur une détente des taux d'intérêt ; en fait, la plupart des pays européens, et en particulier la France, ont dû s'aligner sur les taux d'intérêt allemands, élevés du fait des besoins en capitaux nés de la réunification.

Enfin, le SME n'a pas été à l'abri de la spéculation et des crises monétaires. En 1993, il a fallu porter les marges de fluctuation du SME à ± 15 % pour éviter une explosion du système. Avec une telle marge de variation, les monnaies européennes ont évolué dans un système de changes quasi flottants. Il s'agissait bien alors d'un nouveau SME, plus souple, mais qui, les mêmes causes produisant les mêmes effets, a fait ressurgir les problèmes rencontrés lors de la période 1973-1979 : risque de retour de politiques monétaires autonomes, remise en cause de la PAC (notamment le principe du prix unique)... Cependant, ces craintes se sont révélées infondées. Les variations des monnaies au sein du nouveau SME ont été limitées, aucun des pays membres n'ayant mis à profit les nouvelles dispositions du SME pour relâcher sa discipline monétaire : paradoxalement, il y même eu un resserrement de cette discipline. En fait, ces nouvelles dispositions ont constitué un test – réussi – de la volonté des pays membres d'aller vers une coopération renforcée en matière économique et monétaire ; la porte est ouverte pour parvenir à l'union monétaire.

Cette situation est illustrée par le triangle des incompatibilités. La libéralisation des mouvements de capitaux au sein de l'ensemble européen est désormais une réalité depuis juillet 1990 (abolition du contrôle des changes). Cette liberté de circulation des capitaux est, selon les enseignements du modèle de Mundell et Flemming, incompatible avec l'autonomie des politiques monétaires et la stabilité des taux de change. La coopération est donc indispensable : l'évolution « naturelle » du SME amenait nécessairement à l'approfondissement de la convergence économique et monétaire. C'est d'ailleurs à cette conclusion que parvient le **rapport Padoa-Schioppa** commandé par la Commission en 1987.

Cependant, c'est sans doute la signature par les Douze, en février 1986, de **l'Acte unique européen** modifiant le traité de Rome et prévoyant la création d'un vaste marché intérieur européen pour le 31 décembre 1992, qui explique le fort regain d'intérêt pour l'idée d'approfondissement de l'union monétaire. L'Acte unique, en effet, par une démarche volontariste, va permettre la mise en place progressive d'un véritable espace économique et financier, caractérisé par la libre circulation des marchandises, des services, des personnes et des capitaux, pourtant inscrite dans le traité de Rome. Mais il apparaît de plus en plus clairement que la réalisation d'un marché unique doit être prolongée par une forme – qui reste à déterminer (monnaie commune ou monnaie unique) – d'union monétaire. Ainsi, les Britanniques ont proposé la solution de la monnaie commune (plan Lawson) circulant parallèlement aux monnaies nationales.

La question de l'unification monétaire est donc posée à la fin des années 80. En avril 1989, le plan Delors, préconisant la solution de la monnaie unique, pose les jalons du passage à l'intégration monétaire. Ses propositions servent de base au traité de Maastricht.

2. – Le traité de Maastricht et l'UEM

a. – La mise en œuvre de la monnaie unique

Le traité de Maastricht, signé le 7 février 1992, définit le processus de transition vers l'Union économique et monétaire (UEM). Cette transition se fera en trois phases :

Une première phase, qui s'est achevée fin 1993, concerne la libéralisation des mouvements de capitaux en Europe.

La deuxième phase, très importante, vise une préparation active à l'entrée dans l'UEM : les pays membres sont tenus de mener des politiques économiques permettant de satisfaire à cinq **critères de convergence** macroéconomiques : stabilité des prix, déficit budgétaire limité à 3 % du PIB, dette publique inférieure à 60 % du PIB, respect des marges de fluctuation définies par le SME et réduction des taux d'intérêt à long terme. Un embryon de future banque centrale européenne est créé : l'Institut monétaire européen (IME).

Plusieurs décisions fondamentales pour l'avenir de l'UEM ont jalonné cette étape :

Décembre 1995 : le Conseil européen de Madrid décide du nom de la future monnaie unique : l'euro. Un scénario de passage à la monnaie unique est adopté, avec trois périodes clés : en mai 1998, les chefs d'État et de gouvernement fixent la liste des pays remplissant les conditions de convergence vers la monnaie unique ; le 1er janvier 1999, fixation irrévocable des taux de change entre les monnaies de la zone euro : c'est véritablement l'acte de naissance de l'euro ; au plus tard le 1er juillet 2002, pièces et billets en euros devront avoir remplacé la circulation des monnaies fiduciaires nationales.

Décembre 1996 : le Conseil européen de Dublin adopte un projet de résolution sur un « pacte de stabilité et de croissance » en Europe. Les pays de la zone euro doivent parvenir à l'équilibre budgétaire ; le déficit budgétaire ne devra plus être utilisé comme instrument de relance économique.

Juin 1997 : le Conseil européen d'Amsterdam entérine le pacte de stabilité et de croissance.

La troisième phase, qui a débuté le 1er janvier 1999, marque l'entrée en vigueur de l'UEM : gel des taux de change (ainsi un euro = 6,55957 F), unification de la politique monétaire, transactions interbancaires en euros. La circulation fiduciaire en euros, prévue pour le 1er juillet 2002 au plus tard, doit parachever l'unification monétaire de l'Europe.

En mai 1998, le sommet des chefs d'État et de gouvernement a arrêté la liste des pays qualifiés pour le passage à l'euro : Allemagne, Autriche, Belgique, Espagne, Finlande, France, Irlande, Italie, Luxembourg, Pays-Bas, Portugal. La Grèce ne satisfaisait pas aux critères ; quant à la Grande-Bretagne et au Danemark, ils ont fait jouer la clause d'*opting out*, prévue par le traité de Maastricht, et ne participent pas encore à l'UEM.

Selon ses partisans, l'adoption d'une monnaie unique présente de nombreux avantages.

Une analyse en termes coûts-avantages a été effectuée par le Rapport Emerson (M. Emerson *et alii*, *Marché unique, monnaie unique*, Commission européenne), publié en octobre 1990.

Les coûts associés à la monnaie unique

• La disparition de l'instrument de régulation conjoncturelle que constitue le taux de change. En effet, la dévaluation de la monnaie permet d'obtenir des gains de compétitivité : il existe donc un risque d'ajustement par les variables réelles.

• Perte d'autonomie des politiques économiques.

• Extinction des recettes de seigneuriage, ce terme désignant le pouvoir détenu par un État de financer son déficit budgétaire par l'émission de monnaie (avances de la banque centrale).

• Risque d'instabilité au moment de la transition.

Les avantages de la monnaie unique

• Elle permet de supprimer les coûts de transaction résultant de la conversion des monnaies : selon les calculs de la Commission, les coûts de transaction représentent chaque année entre 0,3 et 0,4 % du PIB total des pays de la CEE, soit 90 à 130 milliards de francs (13,7 à 19,8 milliards d'euros).

• Elle élimine toute incertitude sur l'évolution du taux de change : il n'est plus besoin de se couvrir contre la volatilité des taux de change entre pays européens. Cela étant, la monnaie unique ne résout pas la question de la volatilité des monnaies européennes par rapport au dollar et au yen.

• Elle permet de supprimer les primes de risque incorporées dans les taux d'intérêt des pays à monnaie faible, ce qui devrait se traduire par une détente des taux d'intérêt favorable à la reprise de l'investissement.

• Elle permet de faire de l'euro une monnaie internationale et, compte tenu du poids économique de l'UE, de contribuer à un nouvel équilibre monétaire international.

• Elle doit conduire à la disparition de l'asymétrie en faveur de l'Allemagne : la BCE, qui remplace le pouvoir de fait de la Bundesbank, doit prendre en considération les problèmes de l'ensemble des pays de l'UE. La structure démocratique de l'UEM implique, en principe, une répartition du pouvoir telle que tous les membres aient un droit de vote : un véritable partage du pouvoir monétaire doit en résulter.

• Elle évite l'inflation importée engendrée par les dévaluations et oblige les pays à s'aligner sur le taux d'inflation le plus bas.

b. – Une institution clé : le système européen de banques centrales

Le système européen de banques centrales (SEBC) a évidemment constitué la cheville ouvrière de l'union monétaire.

Le traité de Maastricht a institué, en effet, un SEBC qui, selon l'article 106, est composé de la Banque centrale européenne, dotée de la personnalité juridique, et des banques centrales nationales ; il s'agit d'une institution de type fédéral, sur le modèle de la Bundesbank allemande, et dont le siège est à Francfort.

La direction du SEBC est assurée par trois instances :

• Le conseil des gouverneurs, autorité directrice, composé du directoire et des douze gouverneurs de la zone euro. Il a pour tâche essentielle de définir les grandes orientations de la politique monétaire.

• Le directoire, chargé de la mise en œuvre de la politique monétaire, est composé du président, d'un vice-président et de quatre membres (personnalités reconnues dans le domaine monétaire et financier) nommés par le Conseil européen.

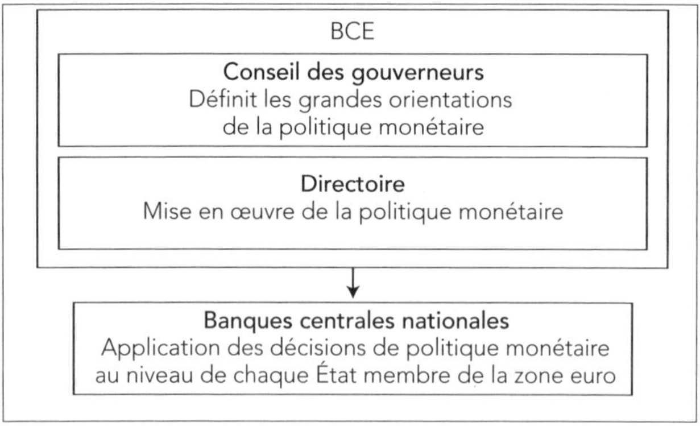

• Le conseil général, enfin, composé du président et du vice-président de la BCE ainsi que des gouverneurs de l'ensemble des pays de l'Union européenne, a essentiellement un rôle de supervision du SME *bis*, prolongement de l'ancien

SME et regroupant les monnaies de l'Union européenne ne faisant pas partie de la zone euro.

3. – Quelle place pour l'euro dans le SMI ? Un premier bilan

a. – D'indéniables réussites économiques…

Avec les États-Unis, la zone euro a été, au cours des années 1995-2000, correspondant à la phase critique de la mise en place de l'euro, la seule région du monde à avoir connu une croissance soutenue. Dans un contexte macroéconomique favorable (poursuite de la désinflation, désormais à des niveaux historiquement très bas, baisse du chômage, réduction des déséquilibres financiers et notamment des déficits publics), la fixité des taux de change intervenue au 1er janvier 1999 a favorisé les échanges intrazones en supprimant les risques de volatilité du change.

De même, conformément à ce qui était attendu, la monnaie unique a réduit les coûts de conversion (l'euro aurait supprimé environ 8 % des transactions sur le marché des changes), les coûts liés à la couverture du risque de change, ainsi que ceux liés aux problèmes d'harmonisation comptable au sein de la zone.

Cette situation a sans doute favorisé les mouvements de restructuration de certains marchés, en particulier dans les industries les plus dynamiques, comme la chimie, les sciences de la vie, la communication ou les services financiers. On a pu assister, au cours des dernières années, à une reprise sensible des fusions et acquisitions au sein de la zone euro, malgré les limites imposées par la Commission européenne.

Surtout, le succès de l'euro apparaît important sur le plan financier. L'étroitesse des marchés prévalant avant la mise en place de l'euro a laissé la place à un marché plus large et plus profond ; des projets de fusion entre places financières ont vu le jour. L'euro s'est progressivement imposé, notamment sur le marché obligataire, avec une part de près de 40 % des émissions obligataires libellées en euros, comme le montre le tableau ci-dessous :

Émissions de titres obligataires en % du total mondial

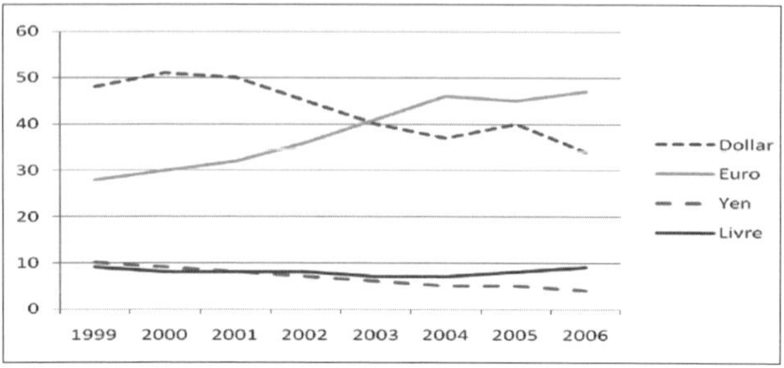

Sources : BRI et la *Lettre des études économiques*, Natexis - Banques populaires, 2001.

Enfin, la zone euro a exercé une forte attraction sur les économies des pays d'Europe centrale et orientale (PECO), dont les monnaies ont, dans de nombreux cas, été rattachées au deutsch mark au sein de mécanismes de *currency board* durant la phase de transition après 1991. Huit PECO, ainsi que Chypre et Malte, sont entrés dans l'UE lors de l'élargissement de 2005 et, depuis, la Slovénie a rejoint la zone euro en 2007, Chypre et Malte au 1er janvier 2008. À terme, les autres PECO ont vocation à entrer dans la zone euro au fur et à mesure de l'avancement de leurs réformes. En outre, la zone d'influence de l'euro déborde largement les frontières européennes puisqu'elle couvre une bonne partie de l'Afrique *via* le franc CFA rattaché à l'euro. L'entrée du Royaume-Uni dans la zone euro ouvrirait encore d'autres perspectives dans ce domaine grâce au Commonwealth.

b. – ...mais des motifs d'inquiétudes demeurent

L'évolution de la monnaie européenne depuis sa mise en place, a pu être jugée, en première analyse, assez décevante.

Deux grandes phases peuvent être distinguées :

• La forte chute de l'euro, de sa mise en place le 1er janvier 1999 à la mi-2002, pose problème. Au moment de son introduction, le taux de change euro/dollar s'établissant à 1,17 dollar pour un euro. Mi-décembre 2001, le taux de change est à 0,89 dollar pour un euro, soit une perte de change de 24 % pour la monnaie européenne.

Depuis juin 2002, la monnaie européenne s'est fortement appréciée par rapport au dollar. Son plus haut niveau depuis 1999 a été atteint fin 2007 avec près de 1,50 $ pour 1 €.

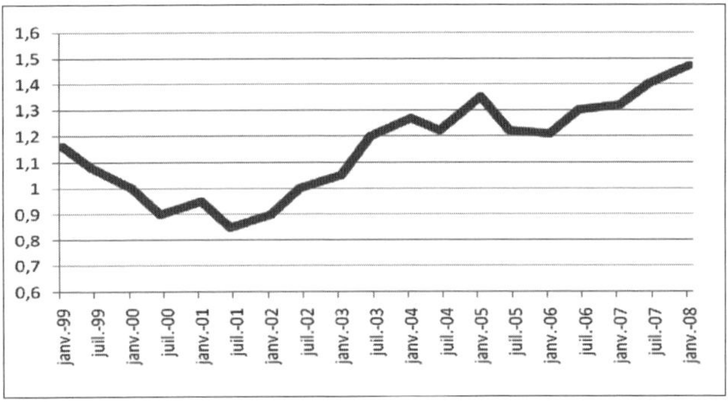

Cette situation inquiète les entreprises européennes confrontées aux effets de l'euro fort sur leur compétitivité. De nombreux groupes européens ont déjà décidé de délocaliser en zone dollar une partie de leurs activités, à l'image d'EADS. Au total, le rythme de croissance annuel des exportations de la zone euro a chuté de 15 % à 2 %.

Mais cette situation présente également l'avantage de réduire significativement la facture pétrolière et le prix des matières premières importées, ce qui permet de lutter contre l'inflation importée. De plus, elle ne semble pas gêner un pays comme l'Allemagne qui a obtenu en 2007 des résultats exceptionnels en matière de commerce extérieur.

La mise en œuvre de l'Europe monétaire symbolise le choix prioritaire de la construction de l'Europe par la voie économique. Complément indispensable du grand marché européen, la monnaie unique a été une œuvre de longue haleine qui, après la phase de convergence opérée par le SME, s'est concrétisée par le traité de Maastricht.

La monnaie unique est porteuse d'avantages considérables pour les économies européennes dans la mesure où elle donne une véritable dimension au grand marché européen et où elle a permis aux pays membres de la zone euro d'échapper au risque de change pour leur commerce intrazone. Elle a facilité l'intégration des marchés financiers européens et a nettement favorisé la transparence et la concurrence dans ce secteur. Enfin, elle semble capable de concurrencer le dollar sur la scène internationale, ce qui peut contribuer à l'équilibre financier international.

Mais la monnaie unique, en raison de son caractère inédit, pose de nouveaux problèmes et suscite de nouvelles inquiétudes liées notamment à la nature de la politique économique dans la zone euro face aux chocs exogènes. Par son caractère intrinsèquement fédéraliste, elle contribue à alimenter le débat sur le devenir des institutions européennes.

CHAPITRE 6

La politique économique dans la zone euro : le pacte de stabilité est-il viable ?

L'adoption d'une monnaie unique présente de nombreux avantages, en particulier, l'élimination du risque de change entre monnaies européennes et la suppression des coûts de transaction résultant de la conversion des monnaies, qui représentent chaque année entre 0,3 et 0,4 % du PIB européen. Au-delà, les options de politique monétaire et le choix d'une banque centrale européenne indépendante du pouvoir politique devraient favoriser une inflation très basse sur le long terme. De plus, la monnaie unique devrait permettre une meilleure transparence des prix et donc favoriser la concurrence dans la zone euro.

1. – Quels instruments pour quelle politique ?

La première et principale difficulté à laquelle doit faire face la politique économique dans la zone euro tient à la forte hétérogénéité de cet ensemble de 12 pays aux caractéristiques macroéconomiques fort différentes malgré la convergence opérée par les critères définis par le traité de Maastricht, notamment en matière d'inflation.

Une telle situation pose la question de l'absorption d'un choc asymétrique par un ensemble de pays aux caractéristiques hétérogènes mais soumis à des règles communes en matière de politique monétaire et budgétaire. En effet, **les modalités de la troisième phase du traité de Maastricht conduisent à une perte d'autonomie des politiques économiques des pays membres, déjà engagée par le processus de convergence**. La responsabilité de la politique monétaire est désormais transférée à la Banque centrale européenne.

a. – La politique monétaire et l'objectif de stabilité des prix

La politique monétaire a pour objectif de fournir les liquidités nécessaires à l'activité économique et ne se limite donc pas au seul contrôle de l'inflation. Les banques centrales sont, en effet, responsables de la gestion de la masse monétaire en circulation. Lorsque la masse monétaire d'un pays croît à une vitesse supérieure à son potentiel, il y a un risque inflationniste que les autorités monétaires doivent corriger en limitant l'expansion de la masse monétaire. Inversement, elles doivent veiller à ce que le marché monétaire soit suffisamment liquide pour ne pas contrarier la croissance par une hausse inopportune des taux d'intérêt. Ainsi, même si la Banque centrale européenne ne fait état que d'un objectif d'inflation et même si celui-ci apparaît essentiel, il va de soi qu'elle doit aussi veiller à la liquidité du marché monétaire.

La politique monétaire est du ressort de la BCE et l'article 105 du traité de Maastricht en définit le principe essentiel : l'objectif assigné à la BCE est la stabilité des prix.

Cet article dispose en effet : « L'objectif principal du SEBC est de maintenir la stabilité des prix. Sans préjudice de l'objectif de stabilité des prix, le SEBC apporte son soutien aux politiques économiques générales dans la Communauté en vue de contribuer à la réalisation des objectifs de la Communauté. »

La politique monétaire ne peut donc, *a priori*, être utilisée comme instrument de lutte contre le chômage : elle n'est pas « accommodante ». La différence avec la Réserve fédérale des États-Unis est ici flagrante, celle-ci ayant mandat également de rechercher les conditions du plein-emploi.

Le principe de l'indépendance de la BCE est censé garantir la pérennité de la poursuite de l'objectif de lutte contre l'inflation, ce qui renvoie aux conceptions libérales de la politique monétaire fondée sur les hypothèses d'anticipations rationnelles des agents et la notion de « crédibilité » au sens de Kydland et Prescott. Cette notion de « **crédibilité** » constitue le cœur de l'argumentation en faveur de l'indépendance des banques centrales : si la politique monétaire discrétionnaire (définie comme une politique active, interventionniste et changeante en fonction des objectifs poursuivis) est inefficace, c'est qu'elle n'est pas crédible aux yeux des agents. Il faut donc remplacer la politique économique active et interventionniste par la règle, c'est-à-dire le respect de principes intangibles et non modifiables au gré de la conjoncture. Ces analyses reposent sur les travaux de **Kydland et Prescott** (*Rules Rather Discretion: the Inconsistency of Optimal Plans*, 1977). Selon ces auteurs, l'annonce par le gouvernement d'un plan de lutte contre l'inflation fondé sur une norme de croissance de la masse monétaire ne suffira pas à persuader les agents de sa réelle volonté et de la fermeté de ses engagements. Il faut que la décision gouvernementale soit irréversible, c'est-à-dire fondée sur des règles, sur la déconnexion de la politique monétaire des cycles politiques et électoraux, et sur la continuité de la politique monétaire. **La solution réside dans l'indépendance de la banque centrale par rapport au pouvoir politique**. Au niveau international, les mécanismes de currency board (dans un tel système, la création monétaire est rigoureusement subordonnée à l'existence d'une contrepartie en devises dans les réserves de change) sont des exemples de mise en place de règles automatiques concernant la création monétaire. Enfin, les travaux de **K. Rogoff** (1985) tendent à montrer que le gouvernement a intérêt à se lier les mains en confiant la responsabilité de la politique monétaire à une banque centrale dirigée de manière conservatrice, c'est-à-dire par un « banquier conservateur » dont la lutte contre l'inflation est un objectif indiscutable, et dont le conservatisme garantit la continuité de cet objectif, et donc la crédibilité de la banque centrale. Cette notion de « banquier conservateur » serait même, selon Rogoff, plus intéressante que celle d'une règle rigide, puisqu'elle permettrait une meilleure adaptabilité de la politique monétaire.

On aboutit donc à un véritable **constitutionnalisme économique**, dont l'objectif serait double :

• assurer la crédibilité et la cohérence temporelle de la politique économique en la fondant sur des règles,

• surmonter les défaillances institutionnelles qui conduisent dans une démocratie à l'accroissement de la sphère publique et à un niveau excessif de dépenses publiques (prise en compte des thèses de l'école du Public Choice).

La BCE (et les banques centrales nationales, par voie de conséquence) dispose de moyens institutionnels et statutaires destinés à garantir cette indépendance :

• interdiction lui est faite d'accorder des crédits aux administrations publiques, afin d'éviter le seigneuriage (financement monétaire des déficits publics),

• indépendance de la BCE vis-à-vis de toute instance nationale et communautaire,

• dispositions statutaires concernant les dirigeants de la BCE afin de les mettre à l'abri de toute pression politique.

Certains économistes (notamment J.-P. Fitoussi, *La Règle et le choix, De la Souveraineté monétaire en Europe*, Seuil, 2002) considèrent que, la BCE n'ayant pas de comptes à rendre sur son action aux instances européennes, il existe en l'espèce un véritable déficit démocratique. Cet argument porte d'autant plus que, contrairement à d'autres banques centrales, dont la FED, la BCE ne rend pas publics les débats et les votes au sein du Conseil des gouverneurs.

La mise en œuvre de la politique monétaire, dans une Union européenne caractérisée par la liberté de circulation des capitaux, acquise depuis 1990, ne se fait plus de manière directe en utilisant les instruments de type réglementaire, comme l'encadrement du crédit (technique de régulation de la masse monétaire aux mains du gouvernement et consistant à limiter l'offre de crédit par les banques pour lutter contre l'inflation), plutôt adaptés à une économie d'endettement caractérisée par la prédominance du financement bancaire. Elle passe désormais par l'utilisation des instruments d'intervention sur le marché monétaire lui permettant principalement d'influer sur le niveau du taux d'intérêt à court terme ; il s'agit essentiellement de trois instruments : l'open market, les facilités permanentes et le taux de réserves obligatoires.

Les opérations d'open market consistent pour la BCE à intervenir de manière discrétionnaire sur le marché monétaire en vendant des titres (ce qui retire de la liquidité et contribue à la hausse des taux d'intérêt) ou en achetant des titres (ce qui accroît la liquidité du marché et fait baisser les taux d'intérêt).

Les « facilités permanentes » visent à fournir ou à retirer de la liquidité en fonction des déséquilibres de trésorerie des banques selon un taux de refinancement qui constitue un des taux directeurs de la BCE. Par exemple, si les banques ont des besoins de liquidité, elles peuvent se refinancer auprès de la BCE au taux défini par celle-ci. La fixation de ce taux est donc un élément important de la politique monétaire. Enfin, les réserves obligatoires sont des avoirs que les établissements de crédit doivent obligatoirement constituer auprès de la BCE. La variation du taux de réserves obligatoires affecte la liquidité bancaire, donc le niveau du crédit permet ainsi de contrôler la variation de la masse monétaire.

Enfin, dernier aspect de la politique monétaire, l'union monétaire implique naturellement une politique unique de change vis-à-vis des monnaies extérieures à la zone euro, et notamment du dollar et du yen. **La responsabilité du taux de change de l'euro est partagée entre la BCE et le Conseil Ecofin**. C'est également le Conseil qui décide de l'adoption de systèmes formels de taux de change (zones-cibles, par exemple), alors que la BCE assure la gestion au jour le jour dans le cadre de sa mission de stabilité des prix. En fait, l'euro étant une monnaie flottante, la BCE n'a pas de marges de fluctuations à respecter, contrairement aux anciennes monnaies européennes qui devaient rester dans les marges définies par le SME. De plus, l'ensemble constitué par l'Union européenne présente un degré d'ouverture (mesuré par le rapport exportations /PIB) qui, avec 14 %, se traduit par une contrainte extérieure assez modérée, comparable à celle des États-Unis. Dans ce contexte, la politique de change, si elle reste importante, a perdu de son caractère crucial.

Cette pratique de la politique monétaire soulève toutefois une question fondamentale : comment apprécier le niveau adéquat du taux d'intérêt à court terme ?

Comme nous l'avons vu précédemment, les banques centrales ont, en matière de politique monétaire et singulièrement pour les taux courts (taux d'intérêt du marché monétaire, pour les financements de court terme, que l'on oppose aux taux longs du marché financier), deux attitudes radicalement opposées : soit l'adoption d'une politique discrétionnaire, soit la mise en œuvre d'un ensemble de règles assurant une transparence maximale afin d'obtenir une stabilité des anticipations des agents économiques et donc des comportements. L'action de la BCE est clairement fondée sur cette seconde option et la « **règle de Taylor** » (J.B. Taylor, *Discretion Versus Policy Rules in Practice*, 1993) en constitue un véritable archétype, permettant de retracer l'évolution des taux courts.

Originellement calculée pour le cas américain, la règle de Taylor permet la détermination du taux d'intérêt optimal. Elle s'énonce ainsi :

$$r = \pi + a\,(Y - Y_{Tend}) + b\,(\pi - \bar{\pi}) + \bar{r}$$

avec :

r : taux optimal, issu de la règle de Taylor ; $\bar{r}$: le taux d'intérêt réel observé dans la zone euro.

Y : PIB effectif réel ; Y_{Tend} : PIB potentiel (estimation de l'évolution du PIB à long terme compatible avec le plein-emploi) ; la différence $(Y - Y_{Tend})$ constitue l'*output gap*.

π : inflation mesurée par le glissement annuel de l'indice des prix à la consommation

$\bar{\pi}$: cible d'inflation suivie par la banque centrale (2 % par an).

Ainsi, la règle de Taylor fait dépendre le taux d'intérêt optimal de deux informations fondamentales :

- l'écart entre le taux de croissance constaté et le taux de croissance potentiel (*output gap*),
- l'écart entre le taux d'inflation effectif et la cible d'inflation, c'est-à-dire l'objectif de taux d'inflation souhaité par la BCE.

Par exemple, si le taux d'inflation constaté est supérieur à la cible, la BCE augmente son taux d'intérêt ; ou bien, si le taux de croissance effectif est inférieur à son niveau potentiel, elle le diminue afin de relancer la croissance économique.

Au total, la politique monétaire suivie par la BCE apparaît comme très contraignante, peu accommodante et entièrement tournée vers la recherche de crédibilité.

Ce dernier objectif l'oblige à une politique drastique et « vertueuse » en matière d'inflation, qui a sans doute permis une remarquable convergence en matière d'inflation (encore que l'écart maximal entre l'Allemagne, pays le moins inflationniste, et l'Irlande, pays le plus inflationniste, soit de 3,5 points), mais au prix d'un faible soutien à la croissance et d'une faible réactivité, que l'on compare souvent au pragmatisme de la Banque centrale américaine.

b. – Faut-il aller vers une forme de fédéralisme budgétaire ?

La question de la politique budgétaire européenne est assez ancienne. Dès les années 70, un groupe d'experts réunis sous la présidence de M. MacDougall avait ouvert la voie à l'idée d'un développement conséquent des finances publiques communautaires, nécessaire à la réussite de l'UEM, qui permettrait de dépasser le simple cadre agricole pour donner de nouvelles perspectives à la construction européenne.

On sait que le rapport MacDougall n'a pas eu de suite. En fait, le budget européen est resté plafonné à 1,27 % du PIB communautaire, dont près de la moitié affectée aux dépenses agricoles ; ce budget est notoirement insuffisant pour jouer un rôle stabilisateur et pour donner de nouvelles orientations aux politiques communautaires. De plus, les réticences nationales à l'accroissement de ce budget ont été considérables, chaque pays cherchant à s'assurer un « juste retour » de ce qu'il considère comme un investissement, ce qui constitue une véritable négation de l'esprit communautaire.

Ainsi, la politique budgétaire n'a guère fait l'objet de développements dans le traité de Maastricht, le « principe de subsidiarité » étant appelé à définir et délimiter, par la pratique institutionnelle, les frontières entre ce qui ressort aux politiques budgétaires nationales et ce qui relève du budget communautaire.

L'idée fondamentale qui se dégage du traité de Maastricht et qui fonde les politiques budgétaires au sein de l'Union européenne est qu'un budget communautaire limité articulé avec des budgets nationaux encadrés par une règle commune doit suffire à assurer le rôle de régulateur macroéconomique dévolu à tout budget.

Quelles sont ces règles communes ?

En premier lieu, le traité de Maastricht a défini deux critères de convergence portant sur les déficits publics tolérables (inférieurs à 3 % du PIB) et sur le seuil de dette publique (inférieure à 60 % du PIB, valeur interprétée de manière tendancielle). De plus, les articles 104 à 104C du traité précisent trois règles fondamentales qui encadrent fortement la pratique budgétaire des États membres :

• Le financement des déficits budgétaires par les banques centrales est interdit.

• L'appartenance à l'Union européenne ne donne aucune garantie collective sur la dette publique des États membres. Il n'existe aucune solidarité entre États en cas d'insolvabilité de l'un d'entre eux.

• La Commission européenne exerce une surveillance sur les finances publiques des États membres.

Ce dispositif présent dans le traité de Maastricht a été nettement renforcé, à la demande de l'Allemagne, par le pacte de stabilité et de croissance signé à Dublin en décembre 1996 et parachevé au Conseil européen d'Amsterdam en juin 1997.

Le pacte de stabilité définit une procédure de contrôle des politiques budgétaires des États membres à travers deux dispositions :

• Chaque pays membre doit rendre public annuellement un « programme de stabilité à moyen terme » présentant les évolutions des recettes et dépenses budgétaires en fonction des prévisions macroéconomiques.

• Lorsqu'un pays dépasse le seuil des 3 % de déficit public, la Commission est saisie. Si le déficit est lié à des circonstances jugées exceptionnelles (notamment en cas de récession supérieure à 2 % de PIB), le déficit peut être considéré comme tolérable et passager. Dans tout autre cas, une procédure d'avertissement et de sanction est mise en œuvre, selon le schéma suivant :

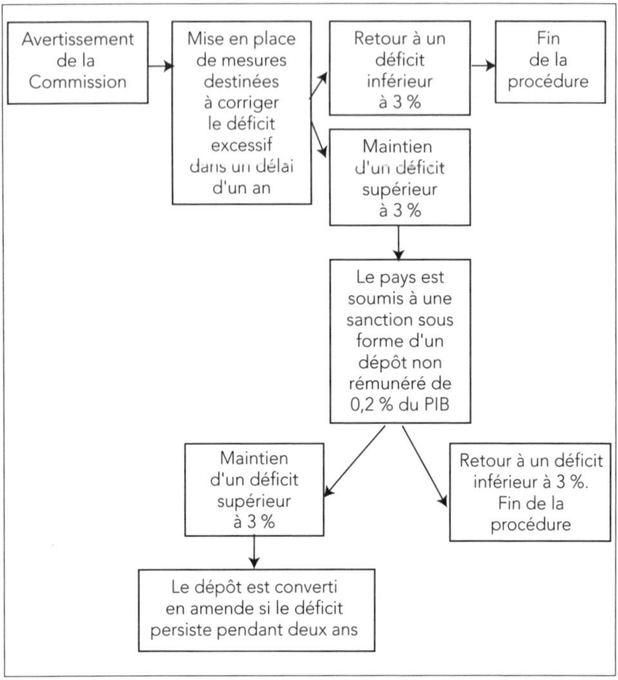

Après avoir analysé les principaux instruments dont dispose l'Union européenne pour assurer la régulation conjoncturelle dans la zone euro, se pose la question cruciale de la nature de la policy-mix, qui constitue aujourd'hui un débat tout à fait central : comment combiner une politique monétaire unique, appliquée par la BCE, avec des politiques budgétaires restées, malgré les contraintes imposées par le pacte de stabilité, assez largement aux mains des gouvernements ? Il s'agit d'une configuration nouvelle qui ne permet guère de se fonder sur les leçons de l'Histoire.

2. – Quelle est la nature de la policy-mix dans la zone euro ?

a. – La théorie des zones monétaires optimales apporte un éclairage théorique au débat

Le pivot de la policy-mix (dosage macroéconomique défini comme l'articulation optimale entre politique monétaire et politique budgétaire dans un but de régulation conjoncturelle) est la BCE : toutes les règles ont été définies de façon à assurer la prééminence de ses arbitrages : **le pacte de stabilité place les politiques budgétaires sous la tutelle de la politique monétaire**.

Dans ce contexte, les marges de manœuvre de la politique budgétaire deviennent singulièrement étroites. Ces contraintes imposent la recherche d'une coordination de plus en plus étroite des politiques budgétaires par le moyen de la concertation. Mais cette situation laisse en suspens la question cruciale de l'absorption des chocs asymétriques. L'origine des asymétries se situe pour une bonne part dans l'hétérogénéité des structures productives des économies considérées. Plus elles se trouvent spécialisées dans certaines activités, plus il est probable qu'elles seront affectées par des chocs spécifiques : par exemple, une région monoproductrice est naturellement plus sensible à des aléas d'offre ou de demande qu'une région dont la production est diversifiée. Bien qu'intégrée dans une zone économique et monétaire, la France, comme les autres pays de la zone euro, aura besoin de dispositifs d'ajustement nationaux.

Face à un choc asymétrique, l'absence de possibilité de régulation par la variation du taux de change, caractéristique principale de l'UEM (celle-ci peut être fondée sur une monnaie unique ou sur une fixité irrévocable des taux de change), oblige le gouvernement d'un pays touché par le choc asymétrique à reporter les moyens de régulation sur la flexibilité salariale ou la réduction de la protection sociale (dumping social). Mundell montre, à travers la théorie des zones monétaires optimales, qu'une solution alternative réside dans la mobilité élevée des facteurs de production. Il faut également citer les travaux de **R. McKinnon** (1963), qui considère que l'union monétaire est d'autant plus souhaitable que les économies ont un taux d'ouverture élevé et qu'elles sont de petite dimension, et les analyses de **P. B. Kenen** (1969), qui montre que les économies fortement diversifiées sont de meilleures candidates à l'Union que les économies très spécialisées, la diversification permettant d'atténuer les effets de certains chocs asymétriques.

La notion de « zone monétaire optimale » trouve son origine dans les travaux de R. Mundell (prix Nobel 1999) et M. Fleming. Ces deux auteurs ont profondément renouvelé l'approche théorique de la politique économique. R. Mundell, notamment, a poursuivi sa réflexion sur l'intérêt que peut présenter, pour un certain nombre de pays, le renoncement à leur monnaie nationale, symbole de souveraineté, pour adopter une monnaie commune. La réalisation d'une zone économique intégrée présente des avantages économiques, analysés dès les années 50 par J. Viner en termes de création et de détournement de trafic (*cf.* chapitre 3). En cas d'union économique et monétaire, ces avantages sont complétés par ceux de la monnaie unique : disparition des coûts de conversion des monnaies, des frais de couverture contre le risque de change, plus grande transparence des marchés…

Mais ces avantages n'existent que si l'UEM forme une zone monétaire optimale, c'est-à-dire un ensemble de régions dont la propension à migrer est suffisamment grande pour assurer le plein-emploi quand l'une d'entre elles est soumise à un choc asymétrique.

b. – L'Union européenne est-elle une zone monétaire optimale ?

Selon les critères élaborés par ces différentes approches théoriques, l'Europe est-elle une zone monétaire optimale (ZMO) ? Plusieurs éléments permettent de répondre.

Pour ce qui concerne le facteur capital, le principe de liberté de circulation des capitaux est posé dès le traité de Rome, où il forme un des objectifs fondamentaux, au même titre que la libre circulation des personnes, des marchandises et des services. La mise en œuvre de ce principe s'est effectuée en plusieurs étapes; en fait, le contrôle des mouvements de capitaux est resté important jusqu'au milieu des années 80. Avec l'Acte unique, qui réaffirme le principe de liberté de circulation des capitaux, la libération totale des mouvements de capitaux a été mise en œuvre par la directive du 24 juin 1988, qui abroge, à partir du 1er juillet 1990, toutes les restrictions dans ce domaine. Il apparaît donc que le facteur capital circule librement en Europe.

Concernant le facteur travail, plusieurs éléments sont à prendre en compte :

La liberté d'établissement, c'est-à-dire, d'après D. Perrut (*L'Europe financière et monétaire*, Circa Nathan, 1999) « *le droit pour une entreprise ou un ressortissant d'un État membre de s'établir dans un autre État membre par la constitution d'une société distincte ou la création d'une succursale, voire d'un bureau, dans les mêmes conditions que celles imposées aux entreprises du pays d'accueil, en vue d'exercer une activité non salariée* ». Cela concerne de nombreuses professions (médecins, architectes, diverses professions libérales ou commerciales). Se pose alors la question de l'harmonisation des diplômes et des conditions juridiques d'agrément imposées par les autorités nationales (niveau du capital social, par exemple).

La libre circulation des personnes est un principe fondamental, affirmé dès le traité de Rome. C'est le premier principe de la Charte sociale adoptée le 9 décembre 1989 par le Conseil européen de Strasbourg. La mise en œuvre de ce principe se heurte au problème de l'harmonisation sociale, en matière de droits à la retraite ou de protection sociale. Faute d'une avancée dans ce domaine, le risque de dumping social devient patent, comme l'a montré l'« affaire Hoover », par exemple. Une véritable course au « moins-disant social » pourrait s'engager.

Selon ces critères, l'Europe ne constitue pas une ZMO. On peut évoquer notamment les barrières culturelles et linguistiques. Toutefois, on peut penser qu'une telle situation n'est pas irréversible et que, justement, le passage à la monnaie unique pourrait favoriser les flux migratoires intra-européens.

En fait, selon Ph. Rollet et F. Huart, il y aurait cinq critères que la théorie des ZMO met en avant. Dans le tableau ci-dessous, ces auteurs montrent la situation actuelle de l'Union européenne et son évolution probable en regard de ces cinq critères :

Critère	État actuel	Évolution
Mobilité du travail	Faible	Légère amélioration, mais obstacle fondamental des langues
Ouverture des économies	Très élevée mais davantage pour les petites économies que pour les grandes	Le grand marché devrait renforcer l'interdépendance communautaire
Diversité des productions	– Appareil productif des pays du nord très diversifié [...] – Spécialisation plus dépendante de quelques secteurs dans les pays du Sud et en Irlande	Effets ambigus puique l'intégration favorise le commerce intrabranche ; mais tendance possible à une concentration industrielle et régionale plus forte à l'intérieur de la CEE
Intégration financière	Assez forte (marché unique des capitaux)	Plutôt renforcement

D'après Ph. Rollet et F. Huart, in *Politiques économiques*, Ellipses, 1997.

c. – Le débat sur le pacte de stabilité au cœur de la politique économique européenne

Si un choc se produit, comment les pays pourront-ils réagir sur le plan conjoncturel puisqu'ils sont privés de l'instrument de la politique monétaire et du taux de change ? C'est tout le débat actuel sur le passage à un fédéralisme budgétaire ou, *a minima*, la définition de principes communs de politique conjoncturelle. Dès les années 70, le rapport MacDougall avait conclu à la nécessité d'un développement significatif des finances publiques communautaires, en préconisant un fédéralisme budgétaire afin d'assurer des fonctions de régulation de la conjoncture et de redistribution. Ce n'est pas cette voie qui a été suivie (on se rappelle les exigences britanniques du temps de Margaret Thatcher : « *I want my money back* ») ; en conséquence, le budget européen est actuellement de 1,27 % du PIB communautaire, dont près de la moitié consacrée à la PAC. Or, un budget fédéral permettrait de financer des politiques communes autres que la PAC : lutte contre les retards de développement, notamment, ce qui réduirait le risque d'un choc asymétrique.

En fait, trois stratégies sont possibles :

- une stratégie « maximaliste », reposant sur le fédéralisme budgétaire (un budget communautaire, comme aux États-Unis, par exemple),
- une stratégie « minimaliste », qui considère que l'autonomie nationale doit être préservée,
- une stratégie « moyenne », reposant sur la coordination des politiques budgétaires : c'est actuellement la voie choisie, à travers le pacte de stabilité et de croissance.

Toutefois, on peut remarquer qu'il n'existe pas d'institution officielle permanente pour gérer cette coordination.

Or la mise en œuvre du pacte de stabilité est au cœur du débat depuis septembre 2002 et la nette dégradation conjoncturelle à laquelle doit faire face l'Union européenne, dans un contexte de risques géopolitiques majeurs. En effet, plusieurs pays dont la France et l'Allemagne, pourtant à l'origine de l'adoption de ce pacte, ont connu de 2002 à 2004 des déficits publics supérieurs à 3 %.

Réduire ces déficits en période de récession comme le recommande la Commission, reviendrait à abandonner toute idée de relance et aggraverait le caractère procyclique de la politique économique actuelle suivie en Europe : poursuivre une politique de réduction des déficits budgétaire en période de récession conduirait à aggraver la récession et à accroître l'amplitude du cycle.

Dans ce contexte, des voix s'élèvent pour dénoncer la rigidité excessive et l'arbitraire du pacte de stabilité. Ainsi, M. Romano Prodi, président de la Commission européenne, a été jusqu'à le qualifier de « stupide » dans un article du *Monde* de novembre 2002.

Lors du Conseil européen de mars 2005, une réforme du pacte de stabilité a été adoptée. Les débats se sont focalisés sur les points suivants:

• En premier lieu, le seuil des 3 % de déficit public est souvent jugé arbitraire et sans réel fondement théorique. Pour de nombreux économistes, il conviendrait de se référer à la notion de déficit structurel plutôt qu'à celle de déficit public total. Cette première notion reprend l'idée que les investissements publics ont vocation à être financés par l'emprunt dans la mesure où ils bénéficient aussi aux générations futures. Il est donc naturel d'étaler la charge de leur financement sur le long terme.

• Le débat porte également sur le caractère exclusif de la politique suivie par la BCE, uniquement préoccupée du taux d'inflation. Ne faudrait-il pas, à l'instar de la FED américaine, adopter une gestion plus pragmatique des taux d'intérêt et affirmer la vocation de la BCE à rechercher les conditions de la croissance économique ?

Les décisions n'ont guère bouleversé le pacte. Les États doivent maintenir leur déficit et leur dette publique en dessous des seuils fixés respectivement à 3 % et à 60 % de leur PIB. En revanche :

• les États membres pourront échapper à une procédure de déficit excessif dès lors qu'ils se trouvent en situation de récession ;

• la décision d'engager une procédure de déficit excessif ne sera en outre prise qu'après examen d'un certain nombre de « facteurs pertinents », susceptibles d'entraîner la suspension de la procédure, et les délais seront également allongés.

CHAPITRE 7

L'Europe sociale existe-t-elle ?

Bien que les « pères » fondateurs de l'Europe (Monnet, De Gasperi, Adenauer, Schuman...) appartiennent essentiellement au courant de la démocratie chrétienne, qui a toujours exprimé des préoccupations sociales, l'Europe s'est construite par l'économie et la monnaie. La réalisation du Marché commun, puis de l'Union économique, a surtout consisté, dans une optique libérale, à laisser jouer les marchés, à permettre la liberté de circulation des marchandises et des capitaux. Mais définir des perspectives sociales apparaît autrement plus complexe. Produit de l'Histoire, des mentalités, des institutions propres à chaque pays, le social ressemble, en Europe, à un véritable archipel.

Ainsi, le social apparaît bien comme la « jambe boiteuse » de l'Europe, selon l'expression de B. Magliulo. Il suffit, pour s'en convaincre, d'observer que, sur les cinq critères de convergence du traité de Maastricht, il n'y a aucun critère social. Ce déficit d'avancée sociale tient sans doute à trois facteurs : la diversité des systèmes sociaux, reflet d'évolutions historiques particulières, l'extrême sensibilité des opinions publiques sur ces questions avec, en toile de fond, la crainte d'une remise en cause d'acquis sociaux conquis de haute lutte – ce risque de « dumping social » est régulièrement dénoncé par les syndicats –, les difficultés actuelles de la majorité des systèmes sociaux confrontés à deux phénomènes importants : une crise financière alimentant une crise de légitimité, une démographie très déséquilibrée qui, à terme, pose de redoutables dilemmes.

Pourtant, avec l'achèvement du grand marché, avec le passage à l'euro en 1999 et l'élargissement à 27 pays, la question de l'Europe sociale se pose avec une nouvelle acuité. L'Europe sociale existe-t-elle ? Si oui, quels sont ses contours ? Sinon, quels sont les obstacles à son épanouissement ?

1. – L'espace social européen : un ensemble hétérogène

Les phénomènes de délocalisation intra-européenne ont montré les limites et les risques d'une Europe trop exclusivement monétaire et économique. L'harmonisation des régimes de protection sociale, très divers dans leur philosophie et leurs modalités de fonctionnement, apparaît difficile, d'autant plus que les opinions publiques semblent très attachées aux spécificités nationales de ces systèmes, façonnés par l'Histoire.

Cette diversité explique sans doute le retard actuel dans la construction d'une Europe sociale. L'Europe, en effet, s'est construite essentiellement par l'économie et la monnaie parce que, dans ces domaines, les différents pays partagent des valeurs communes : libre entreprise, économie de marché… même si les modalités de la régulation macroéconomique sont diverses.

a. – Des systèmes sociaux fortement marqués par leur cadre historique national…

L'éclatement et la diversité des systèmes de protection sociale en Europe sont considérables. Les clivages possibles montrent toute l'étendue des difficultés pour concevoir une Europe sociale. Il est possible, en première analyse, d'opérer la classique distinction entre système bismarckien et système beveridgien :

• **Le système bismarckien** est issu de l'expérience allemande de la fin du XIXe siècle. Il s'agit d'un système d'assurance, à base professionnelle, couvrant principalement les travailleurs ; l'ouverture de droits est conditionnée par le paiement de cotisations sociales assises sur les salaires ; enfin, le système est géré par les employeurs et les représentants des salariés à travers des caisses plus ou moins indépendantes de l'État.

• **Le système beveridgien**, fondé sur la notion de « solidarité nationale », est issu des analyses de W. Beveridge, dont le rapport « *Social Insurance and Allied Services* » (1942) servit de base à l'édification du système de protection sociale britannique. Fortement inspiré par le keynésianisme, il est fondé sur la règle des 3 U : universalité (il concerne l'ensemble de la population), uniformité (caractère forfaitaire des prestations), unité (gestion confiée à un service public et financement par l'impôt). Ce système va nettement plus loin que le système bismarckien, en ce sens qu'il fonde une véritable politique sociale, liée à la recherche du plein-emploi, et, au-delà, à la prise en charge de l'individu « du berceau à la tombe », afin de le libérer du besoin et du risque (« Freedom from want »).

En fait, l'édition de 1996 du *Rapport sur la protection sociale en Europe*, publié par la communauté européenne, montre clairement que, si la distinction système beveridgien – système bismarckien correspond à une importante scission historique, elle n'est plus très probante pour décrire la situation actuelle. Les systèmes nationaux européens se partagent entre ces deux modèles. L'Allemagne possède un système de type bismarckien, la Grande-Bretagne a opté pour le modèle beveridgien. Certains pays, dont la France, ont un système mixte. Ainsi, le système de protection sociale français possède des caractéristiques bismarckiennes (système de financement par les cotisations sociales, gestion paritaire...) et beveridgiennes (universalité et uniformité du système).

Le rapport est ainsi amené à distinguer en Europe quatre groupes « géo-sociaux » distincts, partageant des caractéristiques institutionnelles et des traditions similaires:

– Le groupe des pays scandinaves (Danemark, Finlande et Suède): il s'agit d'un modèle nettement beveridgien: couverture universelle de très haut niveau, financement essentiellement par l'impôt, orientation très forte du système dans le sens de la réduction des inégalités sociales.

– Le groupe comprenant le Royaume-Uni et l'Irlande: modèle beveridgien très dominant (service national de santé, universalité...) mais avec quelques aménagements: rôle important des cotisations dans le financement.

– Le groupe comprenant l'Allemagne, la France, le Benelux et l'Autriche. La tradition bismarckienne prédomine: couverture sociale liée à l'emploi et à la situation sociale, gestion paritaire du système, rôle très important des cotisations sociales.

– Le groupe comprenant les pays du Sud européen (Italie, Espagne, Portugal, Grèce). Modèle mixte: coexistence de services nationaux de santé (modèle beveridgien) et de systèmes de financement plutôt bismarckiens (cotisations sociales), mais aux prestations plus lacunaires que dans les autres groupes.

De plus, caractériser l'Europe sociale ne se limite pas à comparer les différents systèmes de protection sociale ; la nature des relations sociales, les rapports au syndicalisme, montrent là encore d'importants clivages.

Les pays de tradition sociale-démocrate ou chrétienne-démocrate (Europe du Nord, Allemagne...) ont développé une véritable culture du compromis social. Les taux de syndicalisation y sont très élevés, l'unité syndicale est forte. En Allemagne, la cogestion (*Mitbestimmung*) née en 1951 met en place une véritable structure de concertation entre employeurs et salariés. La flexibilité qualitative (formation du personnel, réduction du temps de travail...) est privilégiée.

En Europe du Sud, le syndicalisme est plus diffus, plus éclaté, le cas extrême étant celui de la France, marquée par une faible syndicalisation (plus faible taux de l'OCDE), ce qui se traduit par une plus grande fréquence des conflits sociaux, l'absence de structures méta-sociales de concertation ne favorisant pas la recherche de solutions négociées.

b. – ... mais qui rencontrent partout des difficultés

La construction d'une Europe sociale se heurte à une difficulté majeure : avec la crise économique, les systèmes sociaux connaissent partout des difficultés. Ces difficultés, conjoncturelles, mais aussi structurelles car liées à la démographie, alimentent une crise de légitimité des systèmes de protection sociale, qui, à la limite, peut rendre caduque l'idée même d'Europe sociale, celle-ci risquant de se dissoudre dans le processus de mondialisation.

La crise des systèmes de protection sociale est essentiellement liée à :

• **des causes conjoncturelles** et, en premier lieu, à la question du chômage. Il existe bien, en effet, une spécificité du chômage européen (11 % en moyenne, actuellement) face au dynamisme de l'emploi américain, même si la situation à l'intérieur de l'Europe est assez diverse : croissance économique moins riche en emplois, rigidités fortes et cloisonnement des marchés du travail, faible mobilité de la main-d'œuvre. Dans tous les cas, le chômage est, aujourd'hui, la principale cause de dégradation des comptes des systèmes de protection sociale ;

• **une cause structurelle** : la démographie. L'Europe doit faire face, sur le long terme, à un déclin démographique et à un vieillissement sans équivalent historique de sa population. Le renouvellement des générations n'est plus assuré actuellement que pour l'Irlande. Cette situation, qui correspond à une amélioration considérable des conditions de vie, suscite des inquiétudes sur l'évolution des systèmes de retraite et de santé et sur leur capacité à faire face à l'incontournable croissance des dépenses. Certains pays (Grande-Bretagne, notamment) s'orientent vers une libéralisation accrue des régimes de retraite, avec la solution de la capitalisation et des fonds de pension. D'autres restent attachés au principe de la répartition. Quoi qu'il en soit, la dégradation des comptes sociaux accentue la diversité et complique l'harmonisation sociale de l'Europe.

c. – L'Europe sociale face au risque de dumping social

Le risque de *dumping* social en Europe a été soulevé dès les années 1980 avec l'entrée des pays du Sud (Grèce, Portugal, Espagne) ; il s'est concrétisé dans les années 1990 avec l'affaire Hoover. Cette entreprise décida de fermer son site de Longvic en Bourgogne pour délocaliser ses activités en Écosse afin de bénéficier de conditions sociales favorables en matière de salaires et de temps de travail. Avec l'élargissement aux 10 pays d'Europe centrale et orientale (en 2004 et 2007), la crainte du *dumping* social s'est nettement ravivée, comme le montre la polémique sur la « directive Bolkestein » de libéralisation du secteur des services ou celle du « plombier polonais » supposé concurrencer les artisans français ou allemands, et ce en raison d'une forte disparité des coûts salariaux.

Cependant, le risque de *dumping* social doit être relativisé pour trois raisons :

• Malgré la forte disparité des salaires, on ne constate pas, pour autant, de mouvements de délocalisation intra-européenne de grande ampleur.

Coût salariaux horaires moyens en 2004 (en €)

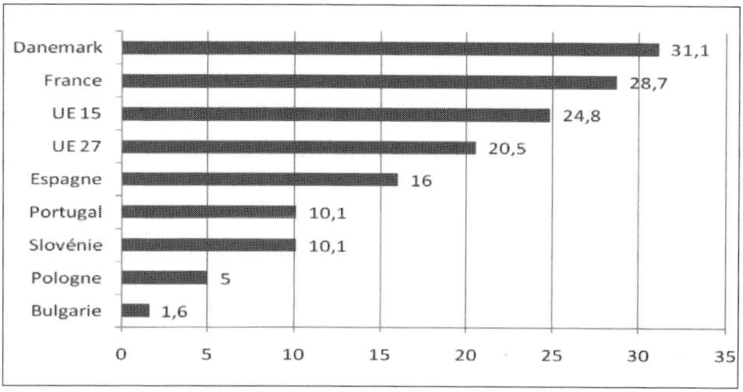

• Le salaire ne constitue pas, et de loin, le seul critère de délocalisation : il faut pondérer par la productivité du travail et la qualification de la main d'œuvre. Dans ce cas, l'attrait pour les délocalisations devient beaucoup moins important.

• Enfin, l'intégration européenne, et notamment le passage vers la monnaie unique que tous les anciens pays de l'Est devront progressivement adopter, entraînera, à terme, une convergence des niveaux de salaire, convergence renforcée par la mobilité du capital, qui entraîne une convergence de la productivité du travail. À moyen terme, l'avantage comparatif constitué par les bas salaires risque de péricliter. D'où la tentation, pour certains pays de jouer sur d'autres variables : temps de travail, assouplissement de la législation sociale... On déboucherait ainsi sur un « moins-disant » social généralisé.

2. – Toutefois, des bases et des jalons existent

a. – Jusqu'en 1987, l'Europe sociale se limite à un ensemble de normes minimales

Le traité de Rome, texte fondateur de l'Europe, n'accorde qu'une place mineure aux questions sociales. Il se borne, dans son article 117, à énoncer un principe assez vague : « promouvoir l'amélioration des conditions de vie et de travail de la main-d'œuvre, permettant leur égalisation dans le progrès ». Plus concrètement, le traité de Rome énonce tout de même le principe de l'égalité de traitement entre ressortissants nationaux et ressortissants communautaires, la libre circulation des travailleurs à l'intérieur du marché commun, l'égalité de rémunération entre hommes et femmes.

Cette base fondamentale, dont le point essentiel est sans doute la volonté d'homogénéiser les niveaux de vie dans le marché commun, sera approfondie, par la suite, en deux étapes. Jusqu'à la fin des années 1960, la règle de l'unanimité (les décisions européennes ne peuvent être adoptées que si l'unanimité des représentants des pays membres est acquise) explique pour beaucoup le faible nombre de textes de portée sociale : on ne s'éloigne guère des mesures déjà évoquées par le traité de Rome.

Dans les années 70 et au début des années 80, toutefois, la notion d'« espace social européen » apparaît, recouvrant deux idées : l'interdépendance de l'économique et du social, et la recherche d'une possible politique communautaire en matière sociale. **Le mémorandum de 1981**, présenté par la France sous l'impulsion de J. Delors, dessine les contours d'une possible Europe sociale.

Mais c'est la signature de **l'Acte unique de 1987** qui marque le véritable tournant.

b. – Depuis 1987 et l'Acte unique européen, les contours de l'Europe sociale apparaissent plus nettement

Signé en 1986 par les chefs d'État et de gouvernement, puis ratifié par les Parlements des États membres, l'Acte unique entre en vigueur en juillet 1987. Un pas décisif est franchi vers la définition d'une Europe sociale. De plus, le principe de la majorité qualifiée et non plus de l'unanimité a permis des avancées significatives et facilité la recherche de compromis acceptables.

Cinq objectifs ont été définis :

– une politique de développement des régions retardataires sur les plans économique et social ;

– une aide à la reconversion des régions industrielles en déclin ;

– la lutte contre le chômage de longue durée ;

– l'insertion professionnelle des jeunes ;

– l'aide au maintien d'une population agricole aux revenus suffisants.

Un effort financier a été consenti, relayé par les trois grands fonds d'orientation structurelle à finalité sociale : le FEOGA pour l'agriculture, le Fonds social européen et le FEDER (Fonds européen de développement régional), créé en 1975 et qui est le véritable pivot de la politique régionale communautaire.

L'avancée la plus significative est la signature de la **Charte sociale de décembre 1989**, qui précise les droits sociaux fondamentaux. Mais il ne s'agit que d'une déclaration solennelle de portée surtout symbolique, et sans réelle portée concrète, mais qui peut toutefois servir de référence.

Enfin, le traité sur l'Union économique, signé à **Maastricht** le 7 février1992, et entré en vigueur le 1er janvier 1994, a permis de donner une ampleur nouvelle à la politique sociale européenne. Le champ des décisions a été élargi à de nouvelles compétences (conditions de travail, notamment), mais le principe de subsidiarité (la Communauté n'intervient que si des objectifs ne peuvent être atteints par l'action propre des États membres) peut en même temps singulièrement amoindrir les possibilités d'action de la Commission européenne dans le domaine social. En effet, le traité d'Union européenne indique clairement qu'en vertu du principe de subsidiarité **le social relève essentiellement des législations nationales** et l'adoption de normes sociales communes n'est possible que dans la mesure où elle est une nécessité pour la construction européenne. Cette disposition devrait permettre de respecter l'originalité des législations nationales, tout en permettant une future convergence des systèmes de protection sociale. En tout état de cause, la Grande-Bretagne a fait jouer une **clause d'exemption** (clause d'« *opting out* »): les dispositions sociales du traité de Maastricht ne s'appliquent pas dans ce pays, ce qui accentue le risque d'une Europe à deux vitesses.

Cependant, de nombreuses critiques ont été émises sur le caractère excessivement « économiste » du traité de Maastricht. Le **traité d'Amsterdam** (1997) tente de corriger cette dérive en faisant des propositions pour une Europe plus sociale. Ainsi, une « stratégie coordonnée pour l'emploi » est évoquée, ainsi qu'un renforcement des droits fondamentaux, particulièrement la lutte contre les diverses formes de discriminations à l'embauche. Les observateurs critiques remarquent cependant que la conduite de la politique économique reste centrée prioritairement sur la politique monétaire et la lutte contre l'inflation et que cet objectif est porté par la BCE. La lutte contre le chômage ne dispose pas, et de loin, des mêmes moyens. Enfin, **l'Agenda 2000**, document prospectif fixant les lignes directrices de l'action de la Commission pour les années à venir, poursuit l'effort financier au titre des fonds structurels en faveur de la cohésion sociale.

c. – L'Europe sociale reste encore, pour l'essentiel, à construire

L'intégration des PECO présente des coûts assez élevés en termes de politique de cohésion : dans le cadre des perspectives financières 2007-2013, les fonds affectés à la cohésion se montent à 35,7 % du total du budget européen, affectés très majoritairement aux nouveaux pays intégrés à travers notamment le Fonds social européen. Surtout, l'élargissement a favorisé un mouvement de délocalisation vers ces pays, comme dans le secteur automobile, avec un coût moyen du travail cinq fois inférieur à celui des Quinze. De même, l'élargissement a suscité une inquiétude concernant les mouvements de population active vers les pays occidentaux, comme l'a montré la polémique sur le « plombier polonais ».

• **Le défi de la mondialisation des échanges et des flux de main-d'œuvre** : confrontée à la concurrence internationale des pays à bas salaires et à faible niveau de protection sociale, l'Union européenne doit encore définir une politique cohérente face à cette question. Entre une « Europe forteresse », protégée par des barrières douanières et des clauses sociales, mais repliée sur elle-même, et une Europe complètement ouverte qui mettrait en danger l'embryon dc modèlc social européen, l'Europe doit pouvoir trouver sa voie. Des économistes comme M. Allais ou G. Lafay, des chefs d'entreprise, souhaitent réactualiser et renforcer l'idée de préférence communautaire et réhabiliter le tarif douanier. D'autres, plus nombreux peut-être, estiment que le phénomène de mondialisation finira par faire disparaître les avantages comparatifs liés aux salaires et aux conditions de travail, mais il est bien difficile de préciser les délais nécessaires.

Il est donc difficile de cerner les contours d'une future Europe sociale. Cependant, le groupe « Europe sociale » du Commissariat général au Plan, dans son rapport « Emploi, négociations collectives, protection sociale : vers quelle Europe sociale ? » (2000), analysant les orientations possibles de l'Europe sociale dans un futur proche, met en débat quatre scénarios possibles, résumés dans le tableau page suivante :

Il est donc difficile de cerner les contours d'une future Europe sociale. Cependant, le groupe « Europe sociale » du Commissariat général au Plan, dans son rapport « Emploi, négociations collectives, protection sociale : vers quelle Europe sociale ? » (2000), analysant les orientations possibles de l'Europe sociale dans un futur proche, met en débat quatre scénarios possibles, résumés dans le tableau suivant :

Comme on le voit, plusieurs voies sont possibles pour construire l'Europe sociale, qui sera sans doute le grand chantier futur de la construction européenne.

Force est de constater que l'Europe sociale se limite à un socle commun *a minima*. Jamais le social n'a constitué une priorité : l'Europe s'est construite avant tout par l'é conomie et la monnaie. Les directives européennes n'énoncent que des normes minimales n'imposant qu'un plus petit dénominateur commun social aux pays membres. Il s'agit donc bien, pour l'instant, d'une harmonisation par le bas, même si, dans les faits, les législations sociales sont restées en l'état.

Modèle de relations professionnelles / Espace de solidarité sociale	Maintien de modèles différents	Convergence vers un modèle homogène
Interne à chaque État-nation	Scénario A Europe sociale fractionnée Les modèles nationaux prédominent ; l'Europe sociale est réduite au strict minimum	Scénario B Europe sociale concurrentielle Convergence vers un modèle libéral ; démantèlement des systèmes nationaux
Avec une dimension additionnelle communautaire	Scénario D Europe solidaire dans la différence Préservation des modèles nationaux, mais mécanismes de solidarité financière entre pays	Scénario C Europe sociale intégrée Mise en œuvre d'un modèle social « continental » fondé sur le volontarisme et la définition d'un vaste projet social européen

Il semble donc qu'un espace social européen unique n'est guère envisageable à moyen terme, compte tenu des difficultés actuelles des systèmes sociaux dans les pays d'Europe.

Toutefois, il est à prévoir que l'intégration économique et monétaire, et en particulier le passage à la monnaie unique, mettra en lumière le manque d'Europe sociale et agira comme un véritable levier de convergence en la matière. L'Europe sociale sera alors le prochain grand chantier européen.

CHAPITRE 8

L'élargissement de l'Europe : un défi pour la cohésion européenne ?

En ce début de siècle, l'UE doit faire face à un double défi : approfondir la construction européenne par la réforme des institutions afin de donner plus de vigueur aux politiques communes, et réussir l'intégration des pays nouvellement admis dans l'Union à la suite du plus vaste élargissement de son histoire. Au 1er mai 2004, en effet, huit anciens « pays de l'Est », longtemps sous domination soviétique, ont rejoint l'UE : Estonie, Hongrie, Lettonie, Lituanie, Pologne, République tchèque, Slovaquie et Slovénie, ainsi que deux îles méditerranéennes : Chypre et Malte. Deux autres pays sont entrés en 2007 : la Bulgarie et la Roumanie. Enfin, le processus d'adhésion est en cours, mais sans date d'entrée prévue, pour la Macédoine, la Croatie, la Turquie et le Monténégro.

Dès l'origine, c'est-à-dire dès le traité de Rome, la Communauté européenne, devenue depuis l'Union européenne, a affiché sa volonté d'ouverture à l'ensemble de l'Europe. Ainsi, l'article 237 du traité de Rome stipule : « Tout pays européen peut demander à devenir membre de la Communauté. » Il est à remarquer que le traité ne précise pas ce qu'il faut entendre par « État européen », ce qui peut présenter des problèmes d'interprétation. Ce principe a toutefois permis de procéder à plusieurs élargissements sans que soient remises en cause les institutions et les politiques mises en œuvre, qui ont, au mieux été amendées. Il n'en sera pas de même pour l'élargissement vers les PECO, qui devra s'accompagner de profonds changements institutionnels. L'article 49 du traité d'Union européenne (TUE) reprend presque identiquement les dispositions du traité de Rome. Il stipule, en effet que « Tout État européen peut demander à devenir membre de l'Union », sans préciser non plus le contenu du terme « *européen* ».

La fin de l'emprise soviétique et l'entrée dans l'UE inscrit les nouveaux États membres (NEM) de l'Est dans un double mouvement. C'est d'abord un véritable retour à l'idée de nation, qui présente un risque de dérive nationaliste et identitaire porteur de tensions et de conflits. Mais c'est aussi le désir d'ouverture à l'Ouest. La chute du communisme s'est faite en

Europe du Centre-Est sous le signe du retour en Europe, retour s'identifiant à l'institution qu'est la Communauté européenne. Des liens culturels et historiques spécifiques existent. Selon l'écrivain et homme politique tchèque Vaclav Havel, « L'Europe n'est pas seulement un marché commun, c'est aussi une civilisation, une culture des valeurs dont l'Europe centrale, cet Occident kidnappé, est le dépositaire à un moment où ces valeurs sont menacées à l'Est et oubliées à l'Ouest. » De même, pour l'écrivain Milan Kundera, « L'Europe centrale a été politiquement à l'Est, mais culturellement à l'Ouest et géographiquement au centre. »

L'Europe constitue donc véritablement une référence fondamentale pour les pays de l'Est dans leur transformation économique, politique et sociale. L'adhésion donne des solutions globales à des problèmes extrêmement complexes ; au-delà des seuls aspects économiques : elle compense un vide sécuritaire, elle évite, par l'ancrage dans la démocratie, des choix politiques qui placeraient ces pays sur des trajectoires incertaines. L'élargissement constitue donc un double défi, à la fois pour les NEM confrontés à l'adoption de l'acquis communautaire et pour l'UE qui doit faire face aux conséquences institutionnelles et économiques du plus vaste élargissement de son histoire, ce qui replace sous les feux de l'actualité le vieux débat entre Europe-espace et Europe-puissance et aussi la question de l'identité européenne.

1. – Vers l'adhésion à l'Union européenne

a. – Les premières réponses face à la question de l'élargissement à l'est de l'Europe

Les réponses économiques apportées dans un premier temps par la Communauté européenne aux demandes des pays d'Europe centrale et orientale (PECO) reposent essentiellement sur l'ouverture de négociations commerciales avec chaque pays et, parallèlement, une aide financière et technique est progressivement définie aux fins d'accompagnement et de transformation de leur système économique. C'est au « **sommet de l'Arche** » (juillet 1989) que le G7 charge la Communauté européenne de coordonner un soutien aux réformes économiques. Destiné au départ à la Pologne et à la Hongrie (d'où l'acronyme PHARE pour Pologne Hongrie : assistance à la restructuration des économies), il est étendu progressivement à l'ensemble des pays de l'Europe de l'Est, Albanie et États baltes compris.

Les pays bénéficiaires doivent remplir un certain nombre de conditions d'ordre politique et juridique : primauté du droit, respect des droits de l'homme, multipartisme et élections libres. Ils doivent également être engagés dans la mise en place d'une économie de marché. Les actions engagées consistent plutôt en un transfert de savoir-faire qu'en l'octroi direct de fonds, sous la forme d'une assistance technique, d'études de faisabilité, de programmes de formation ou d'un appui à la réorganisation des institutions.

Outre l'impulsion donnée au programme PHARE, le sommet de l'Arche a été à l'origine de la création d'une banque régionale destinée spécifiquement à faciliter la transition des pays de l'ancien bloc communiste. La BERD (Banque européenne pour la reconstruction et le développement) est créée le 29 mai 1990 à Paris ; son siège est à Londres depuis avril 1991. La BERD présente une dimension non seulement économique mais aussi politique ; en effet, l'article Premier de ses statuts souligne que l'aide est accordée aux pays s'engageant à « respecter et mettre en pratique les principes de la démocratie multipartite, du pluralisme et de l'économie de marché ». Cette double vocation économique et politique de la BERD s'accompagne d'une vocation de banque de développement et d'affaires. Elle octroie des prêts aux gouvernements et aux entreprises publiques et finance en même temps les entreprises privées ; elle est partie prenante du processus de privatisation. Par ailleurs, ses statuts prévoient une répartition de ses opérations à hauteur de 60 % pour le secteur privé et 40 % pour le secteur public.

b. – L'accélération du processus à partir de 1993

Après une période de doutes, la mise en œuvre d'une véritable stratégie d'adhésion date du **Conseil européen de Copenhague** tenu en **juin 1993**. Rompant avec l'attentisme qui prévalait jusque-là, le Conseil européen indique que « les pays associés de l'Europe centrale et orientale qui le désirent pourront devenir membres de l'Union européenne. La coopération future avec les pays associés sera orientée vers l'objectif d'adhésion qui a été fixé à présent ». Au-delà de cette affirmation de principe, des critères d'adhésion ont été définis : outre l'exigence, prévue par les traités, selon laquelle seul un État européen peut être candidat à l'adhésion, il est requis trois groupes de conditions :

- Des garanties institutionnelles concernant le respect de la démocratie, de la primauté du droit et du respect des droits de l'homme, des minorités et leur protection.
- L'existence d'une économie de marché viable, c'est-à-dire capable de faire face à la pression concurrentielle et aux forces du marché à l'intérieur de l'Union.
- La reprise de l'acquis communautaire, notamment la monnaie unique, et la souscription aux objectifs de l'Union.

Le Conseil européen de Madrid (décembre 1995) constitue une étape importante. L'Union européenne, en effet, s'engage sur un calendrier et sur les modalités précises du processus d'élargissement. Une procédure uniforme est définie : avis de la Commission, décision du Conseil à l'unanimité sur l'opportunité d'ouvrir ou non des négociations bilatérales avec les candidats potentiels. Outil fondamental de réflexion et de confrontation des points de vue, la Conférence intergouvernementale (CIG), réunie en 1996, est chargée de réviser le traité de Maastricht et de préparer les institutions à l'élargissement.

Le Conseil européen réuni à Nice en décembre 2000 a ainsi été amené à procéder, par le Traité de Nice, à une difficile réforme des institutions (composition de la Commission et du Parlement et pondération des voix des États membres lors des votes au Conseil notamment) pour tenir comptes des nouvelles données introduites par l'élargissement. Cette réforme ne constitue qu'une étape vers une réforme plus radicale des institutions par la tenue d'une nouvelle CIG.

Enfin, le **sommet de Copenhague de décembre 2002** s'est conclu par l'adhésion de dix pays, ce qui constitue un défi majeur à la fois pour ces pays, mais aussi pour l'UE. En effet, les élargissements intervenus en 1973, en 1981, 1986 et 1995 ont concernés des pays dont les structures économiques et sociales sont relativement proches (Royaume-Uni, Suède) ou qui sont relativement petits par rapport à l'ensemble de l'Union. En l'occurrence, ce dernier élargissement fait croître la population de l'Union européenne de près de 100 millions d'habitants.

Le 1er mai 2004, les dix nouveaux pays ont été solennellement admis dans l'Union européenne. Par contre, ils rejoindront la zone euro en ordre dispersé, en fonction de l'état d'avancement de leur convergence économique et monétaire. Au 1er janvier 2008, seuls trois nouveaux pays ont adopté l'euro : la Slovénie, Chypre et Malte. D'autres anciens PECO ont rejoint le MCE II, antichambre de l'euro : au 1er janvier 2008, il s'agit des trois pays baltes et de la Slovaquie.

2. – Le défi de l'élargissement

a. – La question de la « distance économique » entre l'UE et les NEM

Les NEM ont réalisé, dans un laps de temps finalement assez court, des progrès tout à fait remarquables en regard des critères de Maastricht, dans la perspective de la reprise de l'acquis communautaire. Néanmoins, la phase de rattrapage nécessaire pour parvenir à une convergence réelle (définie comme la réduction des écarts de niveau de vie au sein d'un groupe de pays) sera sensiblement plus longue que lors des élargissements précédents.

Le retard structurel demeure encore important : la part de l'agriculture dans le PIB comme en terme de population active est nettement supérieure dans les NEM (elle représente encore 6 % de la valeur ajoutée en moyenne, contre moins de 2 % chez les Quinze). L'écart de PIB moyen par tête par rapport à la moyenne de l'UE demeure encore élevé, mais des progrès très nets ont déjà été accomplis depuis 1999, comme le montre le graphique suivant :

Évolution du PIB par habitant dans les NEM en SPA – Base 100 pour l'UE.

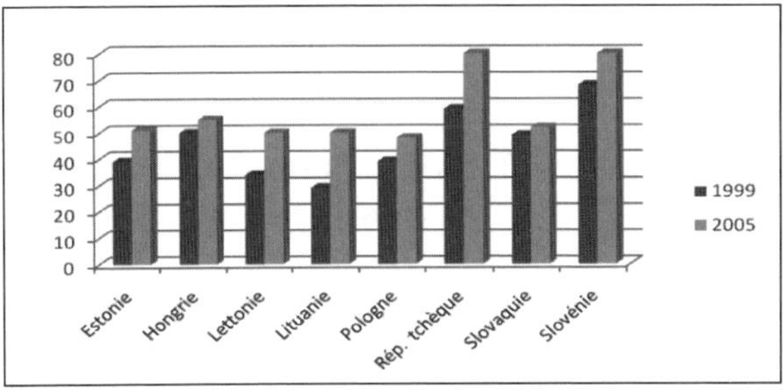

Source : D'après *Problèmes économiques* – novembre 2005
SPA : Standard de pouvoir d'achat

Le processus de convergence réelle est fortement lié à l'importance des flux d'IDE vers les NEM. Ces flux sont indispensables dans la mesure où le secteur industriel des NEM subit encore les conséquences des choix technologiques opérés lors de la période soviétique et de la division internationale socialiste du travail : priorité aux industries lourdes souvent très polluantes, importance du facteur travail, faible productivité, technologie souvent dépassée…

La progression des IDE dans les anciens pays de l'Est est continue depuis 1999 et surtout depuis leur entrée dans l'Union, comme le montre le graphique suivant :

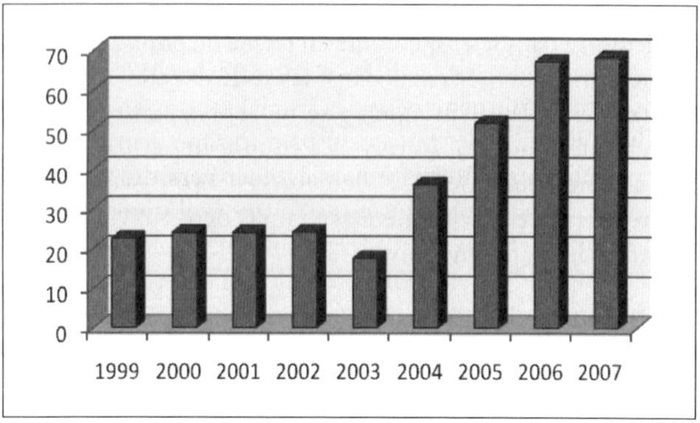

Source : Rapport annuel du FMI, 2007.

Cette progression est liée à trois éléments :

• L'avancement du processus de privatisation qui exige de forts besoins en capitaux ;

• le développement du partenariat public/privé, porté par la nécessité de moderniser les infrastructures (transports, énergie, services municipaux…), souvent sous forme de gestion déléguée ;

• les opérations de fusion-acquisition et les opérations greenfield (création de nouvelles unités de production), en forte croissance.

Les IDE apportent non seulement des capitaux, mais aussi de l'expérience et de la technologie. L'UE est ainsi devenue le premier marché d'exportation et d'importation des anciens pays de l'Est et le premier investisseur étranger dans ces pays. L'exemple de l'automobile est particulièrement éclairant. Ce secteur est devenu le pôle d'excellence de l'industrie tchèque (15 % de sa production industrielle). Le rachat de la firme historique Skoda par l'Allemand Volkswagen en 1992 a été le point de départ d'une vague d'IDE dans ce pays : 250 équipementiers y sont aujourd'hui installés, dont 2/3 d'étrangers.

Les constructeurs français sont présents avec la mise en service de la co-entreprise Peugeot-Citroën-Toyota en 2006.

L'ensemble de ces relations commerciales et industrielles favorisent un rapprochement des spécialisations entre l'UE et les NEM. En effet, les anciens pays d'Europe centrale voient leur spécialisation internationale évoluer vers des produits à contenu technologique plus élevé. Deux évolutions majeures sont en cours actuellement. En premier lieu, on observe **une nette montée du commerce intrabranche, ce qui constitue un important indice de rapprochement des structures économiques**. En second lieu, certains pays ont réussi à se bâtir des avantages comparatifs dans de nouveaux secteurs industriels. L'émergence de nouveaux points forts a été particulièrement remarquable dans les industries mécaniques, où certains pays d'Europe centrale ont réussi une forte percée à l'exportation.

Au total, les résultats obtenus par les anciens pays de l'Est sont plutôt encourageants : le processus de convergence réelle, long et difficile, semble sur la bonne voie ; la Hongrie, par exemple, réalise désormais 75 % de son commerce extérieur avec l'UE (à égalité avec les Pays-Bas ou l'Espagne).

b. – L'insertion des PECO nécessite une convergence avec les pays de l'UE en matière de lutte contre l'inflation

Parmi les critères de convergence essentiels, celui du taux d'inflation doit être distingué car il revêt une importance considérable et constitue un véritable test de la capacité d'insertion de ces pays à l'UE.

Dès la fin du système socialiste, les taux d'inflation ont été très élevés dans l'ensemble de la région, et une situation inflationniste s'est maintenue jusqu'en 1995, avec des niveaux d'inflation extrêmement variés, allant de 57 000 % par an en Géorgie à 26 % en Hongrie. Les niveaux de hausse des prix ont, depuis, pu être limités pour se rapprocher, pour certains PECO, des critères de Maastricht. Dès janvier 1999, les indices de prix à la consommation ne connaissent plus de taux d'inflation supérieur à 10 % et devraient avoisiner 5 % en moyenne fin 2002. Ils sont tout à fait dans les normes européennes pour des pays comme la Pologne ou la République tchèque.

Toutefois, le niveau moyen d'inflation devrait être encore durablement supérieur à celui de l'UE. Le rattrapage économique en cours s'accompagne nécessairement de tensions inflationnistes, par le biais des gains de productivité notamment, qui sont naturellement plus importants dans les économies en phase de rattrapage. De plus, il faut compter, dans un tel contexte, avec le phénomène bien connu d'ajustement des salaires entre les secteurs à forte productivité (où les salaires sont tirés à la hausse) et les secteurs « abrités » et à faible productivité (effet Balassa-Samuelson), ce qui renchérit les prix dans ces secteurs et, par voie de conséquence, se répercute sur le niveau général des prix.

Pour lutter contre ces pressions inflationnistes qui ont caractérisé la première phase de la transition, la plupart des PECO ont mis en place, dans un premier temps, des politiques d'ancrage de leur monnaie, soit à une monnaie internationale (dollar, deutsche Mark), soit à un panier de monnaies. Dès les premiers temps du passage à un système capitaliste, en effet, les anciens pays socialistes ont été amenés à procéder à des choix fondamentaux en matière de régime de change. Ceux-ci sont allés de la flexibilité totale à la fixité pour les pays ayant choisi le principe du currency board, en passant par les différentes formules de régimes intermédiaires où le taux de change est géré sans être fixé.

Dans un premier temps (en gros, jusqu'au milieu des années 1990), c'est le choix du rattachement des monnaies à un étalon international (dollar, deutsche Mark…) ou un panier de monnaies du type currency board qui a été le plus fréquent. Ces systèmes cherchent à répondre à des situations critiques marquées par l'hyperinflation et la nécessité de la juguler, et cela au prix du renoncement à une forme de souveraineté monétaire, au risque de perdre un instrument essentiel de la politique économique, à savoir le taux de change.

On peut donc dire que, d'une certaine façon, **le choix du currency board est déjà un choix en faveur de l'Europe**.

Toutefois, soumis aux contraintes très fortes de la globalisation financière qui caractérise aujourd'hui le système financier international, à l'ouverture croissante du commerce international et aux flux d'investissements directs à l'étranger, sensibles aux risques de chocs asymétriques et à la volatilité des mouvements de capitaux, les PECO abandonnent progressivement la formule du currency board pour se tourner vers des formules plus souples comme le crawling peg, qui admet une marge de variation de la monnaie ou, plus radicalement, vers la flexibilisation du change. C'est qu'en effet ces pays sont confrontés, à travers l'adhésion aux principes et aux pratiques de politique économique en vigueur dans l'UE, à un double effet induit, positif lié à la désinflation et à la stabilité du taux de change, et négatif, lié à la nette appréciation du taux de change réel qui agit négativement sur la compétitivité, et que l'on peut résumer par le schéma suivant :

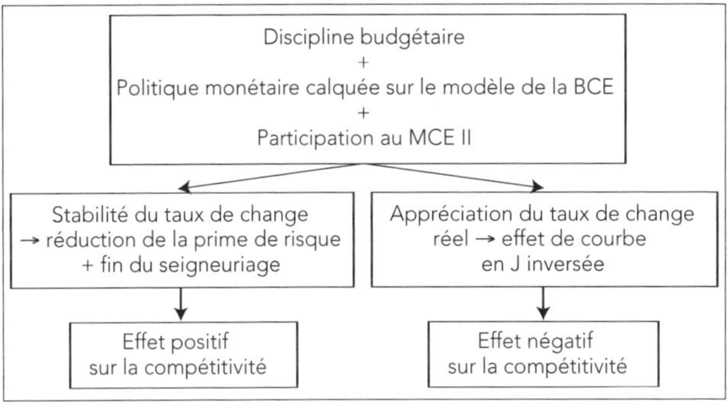

Si les régimes de change fixe adoptés majoritairement durant la première phase de la transition (globalement jusqu'en 1995) ont permis de casser les tendances à l'hyperinflation, ils n'ont pu empêcher une appréciation du taux de change réel. **Cette appréciation du taux de change réel a entraîné une dégradation de la compétitivité-prix**

des exportations des PECO qui, à terme, peut poser de redoutables problèmes en matière d'insertion dans le commerce international et de spécialisation industrielle, sans compter les répercussions sur l'emploi et la stabilité sociale. Cette situation incite les NEM à utiliser l'arme de la concurrence fiscale, en particulier par la réduction de l'impôt sur les sociétés, afin d'attirer des entreprises sur leurs territoires et de gagner en compétitivité, mais au détriment du modèle social européen qu'ils sont censés respecter.

Depuis 2004, avec l'adhésion des huit anciens PECO, de Chypre et de Malte à l'Union, la question qui se pose est celle de l'entrée de ces pays dans la zone euro. Lorsqu'il est apparu qu'il fallait gérer ce cas de figure, des travaux préparatoires ont été engagés. Ils ont abouti à la création du MCE-II par le Conseil européen d'Amsterdam des 16 et 17 juin 1997 avec la double fonction de faciliter la transition des pays candidats vers l'euro et d'assurer la coopération en matière de change. **Une adhésion au MCE-II durant deux ans est devenue le nouveau critère de convergence requis, en matière de stabilité du change, pour rejoindre le moment venu le groupe des pays fondateurs de la zone euro.** Ce mécanisme de change est appelé à s'élargir dans la mesure où il est fait obligation aux candidats à l'adhésion à l'Union européenne d'adopter l'ensemble de l'acquis communautaire, et notamment la monnaie unique. La participation au nouveau mécanisme fait partie intégrante de cette obligation. Au 1er janvier 2008, la situation est la suivante :

NEM ayant adopté l'Euro	NEM participant au MCE II	NEM hors MCE II et n'ayant pas encore adopté l'euro
Slovénie (2007) Chypre (2008) Malte (2008)	Estonie, Lettonie, Lituanie, Slovaquie	Bulgarie, Hongrie, Pologne, Rép. tchèque, Roumanie

Parmi les avantages liés à l'entrée dans le MCE II, deux se détachent nettement :

• L'adhésion au MCE-II renforcerait certainement le processus déjà engagé de convergence réelle, visible par le niveau croissant des échanges intrabranche, ce qui marque à la fois une intégration croissante des systèmes productifs de ces pays à l'UE, et le fait que ces pays suivent, mutatis mutandis, le même cheminement que les pays du sud de l'Europe, Espagne, Portugal ou bien Irlande.

• L'adhésion au MCE-II renforcerait les phénomènes de crédibilité dans la capacité des banques centrales à conduire la politique monétaire et, partant, réduirait la prime de risque à laquelle sont confrontés ces pays, ce qui contribuerait encore à réduire les tensions inflationnistes.

Au total, le bilan de l'élargissement est favorable eu égard à l'ampleur du projet initial et à la distance économique, politique et sociale des anciens pays de l'Est par rapport aux pays de l'UE-15. Le chemin déjà parcouru est important en termes de respect des droits de l'homme, d'État de droit et de fonctionnement démocratique des institutions. Sur le plan économique, il reste cependant des progrès à réaliser pour une convergence plus nette entre l'UE-15 et les NEM, ce qui peut s'avérer contradictoire avec l'entrée dans la zone euro supposant la perte d'un degré de liberté dans la conduite de la politique conjoncturelle. Il faut aussi tenir compte d'une certain désenchantement de part et d'autre, lié à l'inquiétude des opinions publiques de l'UE-15 devant les risques de « moins-disant social » pratiqué par certains NEM, ces derniers manifestant leur impatience devant les blocages institutionnels de l'UE et devant la lenteur des mécanismes d'aide à la convergence par les fonds communautaires.

BIBLIOGRAPHIE

M.-A. Barthe, *Économie de l'Union européenne*, Economica, 2000.
J.-L. Besson, *Monnaie et finance en Europe*, PUG, 2000.
J. Créel, *Construction européenne et politique économique*, Vuibert, 2004.
Y. Échinard, *La Zone euro et les enjeux de la politique monétaire*, PUG, 1999.
J.-P. Faugère, *Économie européenne*, Presses de la Fondation de sciences politiques, 1999.
G. Ferréol *et alii*, *Dictionnaire de l'Union européenne*, A. Colin, 2000.
J.-P. Fitoussi, *La Règle et le choix. De la souveraineté monétaire en Europe*, Seuil, 2002.
D. Schlacther, *Questions d'Europe*, Ellipses, 1998.
J. Trotignon, *Économie européenne*, Hachette supérieur, 1997.

Voir aussi :
La Documentation française - « Les notices », *L'Union européenne*, 1999.
Cahiers français nos 297 et 298, La Documentation française, 2000.
Les numéros « Union européenne » de la revue *Problèmes économiques*, La Documentation française.

Deux sites Internet utiles :
Le portail principal de l'Union européenne : *www.europa.eu.int*
Le site de la Banque centrale européenne : *www.ecb.org*

Cet ouvrage a été imprimé en France par
CPI - Hérissey à Évreux (Eure)
En juillet 2008

N° d'éditeur : 7157807/01